换

成就你的霸业

何万彬 著

道

黑龙江科学技术出版社

HEILONGJIANG SCIENCE AND TECHNOLOGY PRESS

换道：成就你的霸业

HUAN DAO:

CHENGJIU NI DE BAYE

何万彬　著

责任编辑　回　博

封面设计　国风设计

出　　版　黑龙江科学技术出版社

地　　址　哈尔滨市南岗区公安街 70-2 号

邮　　编　150007

电　　话　（0451）53642106

传　　真　（0451）53642143

网　　址　www.lkcbs.cn

发　　行　全国新华书店

印　　刷　文畅阁印刷有限公司

开　　本　700 mm×1000 mm　　1/16

印　　张　15

字　　数　20 千字

版　　次　2020 年 8 月第 1 版

印　　次　2020 年 8 月第 1 次印刷

书　　号　ISBN 978-7-5719-0589-7

定　　价　58.00 元

图书在版编目（CIP）数据

换道：成就你的霸业 / 何万彬著. —— 哈尔滨：黑
龙江科学技术出版社, 2020.8

ISBN 978-7-5719-0589-7

Ⅰ. ①换… Ⅱ. ①何… Ⅲ. ①企业管理 Ⅳ.
①F272

中国版本图书馆 CIP 数据核字(2020)第 119736 号

本社常年法律顾问：

黑龙江承成律师事务所　张春雨　曹珩

授人以鱼不如授人以渔

在我们如此浩荡的企业大军中，有的横冲直撞，有的踟蹰不前，我既着急又自责，着急大家找不到适合自己的发展之路，自责没有将有效的经验分享给大家。我的师父曾经教导我说："人不到 60 岁不要写书，否则很可能会因为深度不够而误人子弟。"

而今，我已经年过 60 岁了。因此，就有了今天这本书，将我 30 多年的工作经验和教训提炼出来，分享给广大读者。

在近十年里，我跳出了传统行业，站在资本的角度来观察和研究传统行业，颇有体会。作为一位专业的投资人，在从业这些年中，我见到过太多企业的荣辱兴衰。每一个企业都有其各自特点，然而很多企业直至消亡，都没发现自己独到的长处，总是在"扬短避长"的路上一去不回头，就像天生擅长飞行，却一意孤行地要畅游深海。

很多时候，我们做不成一件事，不是我们不够努力，而是我们选错了努力的方向。其实选择比努力更重要，如果没有正确的选择，努力越多，偏离正确的轨道就越远。而作为旁观者，或者说是局外人，也许我要比那些企业经营者看得更加透彻一点，我想，用"不识庐山真面目，只缘身在此山中"更贴切一点。

今天的经济腾飞，是我们国家发展最有力的支撑，而在这个鼓励大众创业、万众创新的新时代，我希望能用自己所学所做所见所思，为大家带来不一样的商界视角和思考。

商场如战场，虽然没有真刀真枪的搏杀，却也是暗流汹涌，稍有不慎，所有努力都将付诸东流。这是一个属于智者的时代，得道高者得天下。在这样一个"后来者居上"的历史进程里，反而是后来企业有其独特的优势，也就是后发优势，因为现在处在一个结构性变革的时代。当然，也不是所有的后来者就一定能够居上。思想是人作为智慧生物的特有属性，商战中不仅仅是企业与企业的竞争，更是人与人之间的较量，所以谋略、经验、决断、实践，都是成功的必要条件。

在商战全球化的格局里，我希望中国企业能够创造"后来者居上"的伟大成就。天下兴亡，匹夫有责，中国企业能够腾飞是我内心强烈的愿望，也是我作为一个专业投资人的社会责任。

在本书中，我结合自己这么多年做企业投资的经历、实践和观察，创建了一个全新的战略理论。这些理论或许不全是我独创的，也不是我第一个提出的，但却是我第一个将其融会贯通，并与实践结合在一起的。本书所提出的，也许你听说过，又或许也有些了解，但是却不一定能将其应用到实际工作中。在本书里，我将用独特的视角，让你看到被绝大多数企业家所忽视的不一样的理论逻辑，一种让企业做大做强的特别思考方式和行动路径。

我用三步走的方式，诠释企业做大做强的特别之路。

第一步：寻道。此寻道不是寻找理论、道理，而是寻找一条最适合自己的道路。

天下没有两片一模一样的树叶，人也一样。每个人都有其不同于其他人的特质，也就是强基因。善于发现特质，善用特质，并找到一条可以完美发挥自己特质的道路，这就是寻道的意义。

刘翔有着110米跨栏飞人的名号，可是很多人都不知道，刘翔在110米跨栏之前，最先定位的是100米短跑。其实在100米短跑项目上，刘翔的发展还是不错的，至少学校级别、市级甚至省级的比赛都很优秀，但距离国际级比赛就相差太远。无论如何刻苦训练，在世界级100米的短跑比赛中，刘翔却始终与冠军无缘，因为他不是跑得最快的人。

之后的一段时间，鉴于刘翔个高腿长，便转换训练目标，去发展跳高项目。

其实刘翔跳高也不错，但是与国际级别的差距也仍是无法逾越的鸿沟，同样他也不是跳得最高的人。

如何才能取得更好的成绩呢？刘翔和他的教练都在苦苦思索。突然有一天，当意识到刘翔是短跑里跳得最高的人，同时又是跳高里跑得最快的人时，110米跨栏这个需要又跑又跳的竞技项目就突然跳了出来，就仿佛是为他量身定做似的，成为他最新的训练目标。在短短两年多的时间，刘翔就摘取了奥运冠军的桂冠。

其实刘翔短跑不是最快，跳高也不是最高，但是兼具又跑又跳便是最强。这个特质其实一直都在，只是大家从未发现而已，这就是刘翔独特的强基因。寻道就是寻找自己独特的强基因，让别人没有办法跟你的这一点竞争。寻道成功，所以刘翔就成功了。

因此，在市场竞争中，企业的第一步就是重视并挖掘自己的强基因。

第二步：换道。挖掘到强基因后，通过品类聚焦转换到能够发挥自己强基因的赛道上。

刘翔自从转为110米跨栏项目后，就集中进行110米跨栏项目训练，通过艰苦训练，特别是新的项目发挥了刘翔的独特优势，最终刘翔夺得了110米跨栏的奥运金牌，换了赛道刘翔就攀上了自己的人生巅峰。

企业经营也是如此，找到自身特点后，就需要因人而异、因地制宜，通过品类聚焦将企业转换到能够发挥自己强项的道路上。红牛、加多宝、养元等企业，就是聚焦品类成功的典范。发现强项，坚持品牌，持续聚焦，正是这一系列的努力，提升了企业的价值，打造了企业的影响力，构筑了企业的"江湖地位"。

第三步：控道。企业转换赛道后，就要在自己的领域中做游戏规则的制定者，要通过市场法则，通过资本运作，实现利益获得，实现企业增值。

做一家有价值的企业，让企业插上资本的翅膀，同时让企业可以享受品牌所带来的效益，这就是成功企业的三部曲，即挖掘强基因，精准换赛道，聚焦类品牌。

商战中，有成有败，但如果失败者将失败原因归结为怀才不遇、世风不古，那我认为这只是失败者不愿面对现实的逃避行为。

成功需要敏锐的触觉和超凡的行动力。一路过五关斩六将的成功者，必定有一套成功的理论。而本书就是这样一本教大家做大做强企业的理论加实践的实操手册，希望能为你的成功助一臂之力。

成功有法，却无定法，贵在得法。

Part 1　寻道——挖掘企业的强基因

Part 2 换道——用品类战略赢企业未来

Part 3　控道——做一家"值钱"的企业

Part 1 寻道——挖掘企业的强基因

第一章
危机：被企业严重忽视的强基因

------------------------------- 导　读 -------------------------------

将企业做大做强是每个经营者的梦想。正是由于有了这样一个宏伟的梦想，企业才能在发展的道路上披荆斩棘。

改革开放40多年来，我国涌现出一大批优秀企业，比如腾讯、华为、美的、格力、阿里巴巴，等等。不过，有新人笑，就会有旧人哭，不少企业死在发展的过程中，比如广东爱多、山东秦池、石家庄三鹿集团，等等。

它们的失败让我们感到十分遗憾，似乎觉得自己未来也会面临这样的情形，但是那些蒸蒸日上的企业又给了我们希望。失败的企业，一定有其弊病，给了我们教训，当然那些不断成长的企业更值得我们学习。

企业失败的原因五花八门，但成功的企业却惊人相似。

每个企业都有"称霸"梦，但不是每个企业都能梦想成真。企业要想做大，必须用"强"来支撑，而企业如果不往大了发展，又怎么能"强"呢？因此，企业做强是建立在企业做大的基础上的。那么，企业如何做大做强呢？

做大靠强基因，做强靠挖掘强基因。

每当有企业取得突飞猛进的发展，或者以往颇有成果的企业莫名陷入困境时，人们就会拿"强基因说"来解释。比如，一些业内人士觉得腾讯电商的失败，是因为腾讯没有电商的强基因，相似的还有，易信没有社交的强基因，传统行业没有互联网的强基因，等等。

关于企业的"强基因说"，常常让人觉得虚无缥缈，不切实际，因为一直到今天，都没有人对"企业强基因"下一个准确的定义。因此，所有建立在"强基因说"上的企业分析，都让人怀疑。

不仅如此，对于大部分企业家来说，"基因"是一个既陌生又具有诱惑力的概念。

——为什么它能帮助企业做大做强，构建自己的核心竞争力？

——什么是企业的"强基因"？

——它来源何处？

——强基因对企业发展的价值何在？

作为企业家，生活在一个没有游戏规则的时代是非常幸运的，因为可以通过任何有效的方式获取他想要的资源；可同时又是不幸的，因为他攫取到的利益又随时可能被竞争对手轻易拿去。

唯有重视自己的强基因，才能打败竞争对手，做大做强企业。

1. 什么是企业强基因

我曾受邀到一家企业去做有关战略规划方面的培训，与老板一起吃饭的时候，老板希望我能尽快帮他们公司做战略规划，力图尽快地由新三板转主板，并表示不在乎花多少钱。该公司果真在一个星期之后便请我帮他们做了战略规划，并且迅速签订了合同。

在公司待了一段时间后，我了解到为什么他们这么急切地要做战略规划了。

虽然这家企业各方面都不错，但我最终给出的结论是企业不重视强基因，或者说不知道什么才是他们企业的强基因，所以企业一直处在东一榔头西一棒槌的局面。

我的这种说法，让该企业的老板很没面子。事实上，这家企业在其专业领域一直起着"领头羊"的作用，不管是在创业初期还是在创业后期都做得很好，获得了市场和客户的广泛赞同。但在后来的发展中，企业却没有了方向，不知道该向哪个领域发展才能把企业做大做强。

这样的情况，绝非个例。在我做投资的过程中，这样的企业司空见惯。

在我国经济发展早期，企业只要站在风口上，即便没有强基因也同样可以抓住机遇，迅速发展。但是从长远发展来看，一家企业想要做大做强，仅凭机遇和自身资源是很难实现的。如今，我国已经进入了经济发展新常态，市场环境也发生了变化，优胜劣汰、适者生存，竞争日益激烈。但很多企业却忽略了这一点，仅重视"招"和"术"的运用，丢掉了自己的强基因，或者根本不知道自己的强基因是什么。所以，很难把劲儿用在点儿上。

因为不重视或不知道自己的强基因，许多企业做着做着就向大而全发展了，这几乎成了中国企业的一个通病，甚至成为企业发展的最大障碍。

我曾走访一些国内知名的企业并向企业经营者问了两个问题：您的企业有强基因吗？是什么？我所得到的结果确实如我所想的那样，八成以上的企业家根本不知道什么是企业的强基因，剩下的两成企业家知道有强基因这个概念，但对自己企业的强基因是什么，却说不清楚。

既然如此，那么我们首先就要搞清楚有关企业强基因的一些基本问题：企业的强基因是什么？强基因的构成要素是什么？

什么是企业强基因

想要知道企业强基因是什么？首先，我们必须要明白：企业基因是什么？

企业基因的概念来源于"生物基因"的类比。20 世纪 50 年代初期，遗传学家通过研究，认识到了基因的本质，即基因是具有遗传效应的 DNA（脱氧核糖核酸）片断，每个基因含有成百上千个脱氧核苷酸。由于不同基因的脱氧核苷酸的排列顺序（碱基序列）不同，不同的基因含有不同的遗传信息。

生物基因的研究成功，使人们能够把握生命活动的规律，不再猜测自己所孕育的儿子是单眼皮还是双眼皮，从而大大增强了生命科学理论的解释和预测能力。

相较于"生物基因"来说，企业基因是一个抽象的概念，是不能放在实验室进行研究的。即使如此，企业基因能被称为"基因"，也须具备相应的功能与属性。否则，企业基因的概念就是没有根据的套用。

下面，通过与生物基因的对比，我总结了企业强基因的四个基本属性，用以辨识企业强基因（图1-1）。

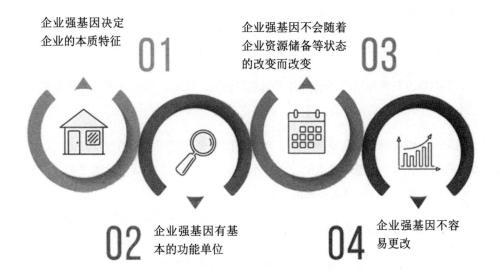

图 1-1　企业强基因的四个基本属性

（1）企业强基因决定企业的本质特征

基因是生命功能和生命特征的决定因素。比如，我们每个人的血型、性别、眼皮的单双、皮肤的黑白等都是由基因来决定的。

同样地，企业基因也能够大致决定一个企业的本质特征。这些特征包括企业在决策时体现出的基本价值观、行事风格等。比如，有的企业一直想做大做强，而有的企业却只想能够生存下去就好。

（2）企业强基因有基本的功能单位

基因是保持生物性状的最小单位，如果把一个基因进行细分的话，它将不能独自完成性状调节功能。

同样地，企业基因也有基本的功能单位。很多人把组织结构、企业文化这样宏大的概念认作企业基因，这显然是错误的。既然不能将生物基因进行细分，那么我们也不能把一个人、一台设备等物质单位看作是企业的基因。只有当企业创始人或 CEO 这样关键性的人在企业中发挥出关键性的作用时，才可能成为构成企业基因的载体。

（3）企业强基因不会随着企业资源储备等状态的改变而改变

生物基因发挥作用，不会受外界因素的影响。比如，我们人类的基因发挥作用时，不会因为性别、身高、体重、性格这些外在因素而发生改变。

同理，企业的强基因发挥作用，也不会因为企业发展状况的改变而改变。比如，把人才培养当成重中之重的企业，不会因为个别员工的辞职就改变初衷，员工们始终能感受到自己是被重视的。

（4）企业强基因不容易更改

虽然基因有时候会出现突变的情况，但是在大多数情况下是非常稳定的。企业强基因也是如此，不会轻易改变。

比如那些以人才为重的企业，不会在一年半载之后就变得视人才如粪土。就算换了领导者，这种精神也会延续。通常来说，可以在短时间内被改变的，就不叫企业强基因。

只有具备以上四种属性才能叫企业强基因，缺其中一条都不能被叫作企业强基因。

根据上述分析，我们可以得出关于企业强基因的结论：企业强基因就是那些稳定的、内在的、独立的，能够影响企业发展方向的基本功能单位。企业强基因由企业内部而发，不受外部环境的影响，不会在短时间内被改变。

企业强基因是怎样构成的

人类的基因种类有很多，但是最终构成 DNA 的只有四种。对于企业来说，找出自己所有的强基因，并一一列举显然不现实，但是我们可以参照生物学的理论，找出企业强基因的构成因子。

总的来说，构成企业强基因的主要有以下三大因子（图 1-2）：

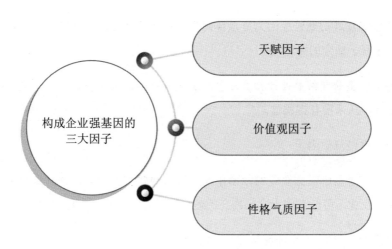

图 1-2　构成企业强基因的三大因子

（1）天赋因子

就拿我们人类来说，有的人天生数学好，每次都能考 100 分，但是有的人就是学不好数学，即使再努力，也不过在及格线徘徊，这就是天赋的影响力。企业和人类一样，有先天潜力的差异。

企业的天赋并不是指企业的能力大小和资源丰不丰富，而是企业在向各个方向发展时所能达到的水平高度。比如，一家企业的研究能力弱，员工整体学历又不高，企业想向高科技方向发展，肯定是不行的。再比如，一些制药企业，虽然在创新研发上投入了很多成本，但是科研人员的水平还达不到要求，而企业却不能大力引进人才和调整激励机制，若不从根上改变天赋因子，那么企业的成功率会变得非常小。

（2）价值观因子

价值观因子对企业文化、发展方向等都有一定的影响。具体来说，企业要树立什么目标，走哪条发展道路，做什么样的决策，都和价值观因子有关系。

比如，"追求卓越"的企业，肯定不满足于安稳，想不断突破自己，到达一个个新的高峰。企业的这种追求和外部环境没有多大关系，并且，这类企业不会因为自身能力不足就甘愿成为平庸之辈。

海尔在发展初期曾经因为资金链问题一度濒临破产，但张瑞敏并没有因此而认命，才有了如今的海尔。

还有的企业非常重视社会责任感，虽然自身的发展并不稳定，但是对社会责任的履行，从来没有推脱过。

（3）性格气质因子

性格因子会影响到企业的行事作风、思考问题的方式等。就算是两家同样追求卓越的企业，可能会因为它们内在的差别，而走上完全不同的发展道路。

有的企业非常具备冒险精神，因此在发展过程中常常选择那些比较冒进的策略，面对市场竞争时也会不择手段。虽然表面风光，但是背后暗潮汹涌。而有的企业却如一朵空谷幽兰，不争不抢，一步步走得非常扎实，没有把握的事情不做，没有支撑的决策不下。但是采取这样保守的风格也有弊端，在规避了风险的同时，也同样会与很多机会失之交臂。

性格气质因子或许对企业业绩没有直接的影响，但却有着千丝万缕的联系。企业内部的工作氛围就是性格气质因子的一个外在表现。在一些比较年轻的企业中，员工可以不用穿西装打领带，取而代之的是短袖、牛仔裤、运动鞋，这就反映出该企业具有开放、创新、轻松的工作氛围。

以上三种因子通过不同的方式构成了企业的强基因，而强基因又对企业的属性起着决定性作用。

比方说，当"知足常乐"的价值观因子、"谨小慎微"的性格气质因子、"能力平平"的天赋因子组合到一起，就会产生一个"拖沓迟缓"的企业短板基因，这显然对企业来说不是一件好事情。而真正具有创新意识的基因应该是"开放执着"的价值观因子＋"勇于尝试"的性格气质因子＋"高技术"的天赋因子，这种强基因对互联网企业来说是非常重要的。

2. 企业忽视强基因将造成什么样的后果

俗语说"头痛医头，脚痛医脚"，这种方法是解决不了根本问题的。比如说，有的病患胳膊麻、手指麻，以为只是简单的关节问题或神经问题，但是经过细致的诊断之后才发现是颈椎病。

同样的道理也体现在企业经营中。企业产品定位失误，企业业绩怎么都提高不了，新产品迟迟无法问世，团队合作不协调，资金流总是不畅甚至资金链断裂，等等，这些问题看上去似乎毫不相干，实际上它们都有一个共同的根由——忽视了企业强基因（图 1-3）。

02

企业业绩下降

01

定位不准和定位失误

企业忽视强基因造成的四大主要后果

03

战略目标脱离实际

04

盲目追求多元化

图 1-3　企业忽视强基因造成的四大主要后果

定位不准和定位失误

我认为忽视强基因是导致企业定位不准和定位失误的关键要因之一。

不知道自己企业的长处，不懂得取舍，怎么给企业定位呢？企业的发展没有定位在自己的强基因上，最终会导致企业竞争力下降或者根本没有核心竞争力。企业没有了核心竞争力，就意味着企业没有了市场。没有市场，企业还怎么生存呢？

高露洁在中国的制胜利器就是"防止蛀牙"，那一句"我们的目标是：没有蛀牙"的广告语传遍大街小巷，以势不可当的优势占领了防蛀牙膏这个市场。殊不知，最先做防蛀牙膏的是佳洁士，却被高露洁最先填补了中国市场的空白，于是把自己定位于"防止蛀牙"上，获得了中国市场的认可。

品牌一旦定位成功，就意味着在这个市场站稳了脚跟，占山为王。就算竞争对手也来这里开疆辟土，抢先者只会把市场做得越来越旺，自己的地位越来越高，对自己有百利而无一害。如今，我们大多数企业家甚至不知道何为"定位"，更别说把定位定在强基因上。比如，中石化和中石油都在生产润滑油，无数的广告投放出去，结果谁能区分中石化的润滑油和中石油的润滑油？

诸如此类的企业林林总总，不胜枚举。究其原因，主要是因为企业不知道自己的强基因，所以即使定位，也不知道"定"在何处，于是看到竞争对手做什么，自己就做什么。

和定位不准相比，定位失误的问题更严重。定位失误意味着企业走上了一条错误的道路，这条路上荆棘丛生，很难脱身，道路尽头可能是可怕的深渊，等待企业的将是失败的命运。盲目的品牌扩张就是定位失误的最主要表现之一。

门南公司的例子值得我们深思。

门南是美国一家洗化品公司，多年前推出了一款"蛋白质21"的洗发调理产品，市场反响相当好，于是又趁着热度搞品牌扩张，推出了蛋白质21喷发雾液、蛋白质21护发剂和蛋白质21浓缩液等产品。可是，市场占有率迅速降了下来，在排除了种种原因之后，公司才明白自己走入了品牌扩张的误区。

企业为何定位不准或定位失误？其真正原因就是不知道自己的强基因是什么，所以看到什么赚钱就拼命往里挤。企业应该重视强基因，挖掘出自己的强基因，并定位于强基因上，而不是跟风赚钱。

请记住，在错误的道路上前行，停止就是进步。

企业业绩下降

目前，国内大多数企业仍然在生产大量同质化的产品，造成市场竞争过度的局面。各家企业之间的价格战、广告战、营销战打得尤为火热。表面上是企业营销出了问题，但其实还是企业没挖掘到强基因。如果一家企业发现不了自己的强基因，就不知道自己应该做什么，怎么做，即使现在的消费者对产品的忠诚度很高，但一旦出现新的、功能更健全的产品，消费者很快就会流失。

因此，企业想要从根本上解决问题，就得从企业强基因入手，找准产品定位，提升自身竞争力。而这一切都是建立在企业找到强基因基础之上的。一个企业只要把自己的优点发挥得淋漓尽致就够了，不要去弥补那些所谓的短板，更不要取长补短，因为本来还有点儿长处，拿去补短了，结果短处没有补起来，即便补起来也长不到哪儿去，还把那点儿可怜的长处给消耗掉了，岂不可惜！

战略目标脱离实际

制定企业战略不是一拍脑袋就能做到的，也不是画饼充饥，而是要根据企业自身的实际情况以及强基因来制定的。经营企业就像是盖楼房，先要打地基，然后在地基上一层一层盖起来，每个步骤都不能掉以轻心，否则就是"豆腐渣"工程。

制定战略目标不是争强斗狠，不是"人有多大胆，地有多大产"，一定要从企业强基因出发。在这一点上，我们可以好好学习一下海尔公司的战略。

海尔在制定战略目标时，首先对自己的强基因进行了挖掘与分析，得到自己的强基因是在洗衣机方面的研究成果，再则就是洗衣机的销售和售后服务。海尔只有做到这样的一条龙服务，才能将自己独特的五星级服务表现得淋漓尽致，最终才可以在众多洗衣机品牌中脱颖而出。于是海尔制定的战略目标是：在7年的时间里，专注洗衣机生产，在管理、品牌、销售、服务等方面形成自己的核心竞争力，在行业占据领头羊位置。按照这个战略目标，海尔通过洗衣机提升了品牌价值，然后逐渐拓展自己的业务。渐渐地，海尔实现了自己绿色家电与可持续发展相结合的企业战略，保证了海尔家电产业领跑者的地位。

战略目标不是赶时髦，企业可以根据市场情况适当调整，但是不能随意调整，毕竟只有脚踏实地一层层盖起来的高楼才不会轻易崩塌。企业的战略目标应该从企业的强基因入手，与定位一样，最好把战略目标也制定在企业的强基因上，这样才会推动企业的发展。毕竟，在自己的强基因上发展，会成功得更快一些。

盲目追求多元化

企业多元化战略相信大家已经再熟悉不过了，但是企业想走多元化道路是有条件的。首先，企业要有足够的实力；其次，企业要对多元化战略有深刻的认识。这两个条件缺一不可，在没有充分能力的支持下就盲目地走多元化道路，最终肯定会走向失败。

道理大家都懂，可还是有不少企业盲目地走上多元化的道路，没钱也要打肿脸充胖子，最后落得十分凄惨的下场。企业经营如果超出了自己的能力范围，那么接下来的就是灾难。

史玉柱起初凭借卖电脑软件积累了一笔不小的财富，但是他并不满足。后来，他以整版广告的形式，在全国多家主流纸媒上一次性推出了以电脑、保健品、药品三大品类为主的30多个新产品。史玉柱的子公司一下从30多家发展为200多家，工作人员增长了10倍。正当史玉柱扬扬得意时，巨人集团开始走下坡路，由于跨度太大，加上进入的领域并非自己的优势领域，资金流转困难，最终"巨人"倒下了。

巨人集团破产的主要原因就是盲目地搞多元化发展。我这样说，并非反对企业走多元化发展的道路，但是企业在决定走这条路之前，一定要考虑自己的强基因，把眼光放得长远些。很多时候，专注于自己的优势领域，专注于自己的强基因，企业才能稳步成长。

马云曾经在他的演讲中说道："中国大部分企业失败的原因是不够专注，看到哪个行业赚钱就跳进去。"诚如斯言，做企业一定要专注、要坚持、要有自己的强基因。

以上四点便是企业忽视强基因造成的后果。当然，企业忽视强基因，还会有很多其他的后果，比如现金流断裂、人才流失等。望企业能够以此为戒，重视企业强基因。

3. 企业的强基因源于何处

根据我的研究和分析，企业的强基因和其构成因素主要有以下三个方面。众所周知，生物基因的载体是 DNA 螺旋链，所以请记住：以下三个方面只是企业强基因的载体，它们本身并不是强基因。

企业强基因的三大来源

见图 1-4。

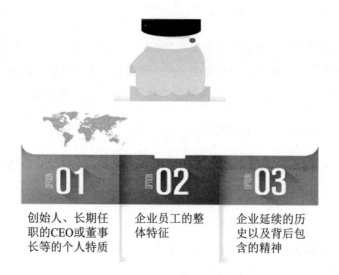

图 1-4　企业强基因的三大主要来源

来源一：创始人、长期任职的 CEO 或董事长等的个人特质

对于一家企业来说，企业基因的强弱，和创始人、领导者有直接的关系。一家企业的创始人、长期任职的 CEO 或董事长的能力、背景、受教育程度，甚至性格、价值观，对这家企业的强基因都有着深远的影响。

在激烈的市场竞争中，有些企业始终屹立不倒，甚至越来越强大，除了时代的推动，与企业在创立初期就已注入的强基因有着重要的关系。

比如，国美电器经历过这么多风雨，依然是电器零售业的一支主力军，和黄光裕本身的"帝王情节"和"霸道作风"分不开，这让国美在发展扩张的过程中也颇具强硬作风。这种作风在大势安好的情况下必然是一件好事，但是当企业遇到风雨，那就不一定了，所以黄光裕的个人作风给国美带来的并不总是强基因，有时也是短板基因。

反观苏宁的张近东，行事作风软硬兼施，为人处世相对温和，该出手时就出手，绝不手软，因此张近东的个性可以被认为是苏宁的强基因中重要的组成部分。

一家企业的强基因，很大程度上在企业创立之初，就已经随着创始人的性格、品德、格局、气质等因素决定了。

遗传性和决定性是强基因两个很典型的特征。企业创立之初给团队灌输的精神，不管是好是坏，都会影响企业的未来。就像在一支军队里，虽说"铁打的营盘流水的兵"，但是第一任军长注入军队的精神，会一直传承下去。

来源二：企业员工的整体特征

企业员工整体的年龄、教育背景、工作经验等，这些情况也会成为企业强基因的来源。如果企业员工都具备某一种特点，那么这种特点也会发展成为企业的强基因。

比如，大部分员工是女性的企业，很可能无法准确地了解男性市场的真正需求；员工普遍是"80 后""90 后"的企业，也不会明白老年人的消费观念；技术

人员太多的企业，很容易钻进技术的牛角尖，从而忽视消费者真正的需求；那些营销能力很强的企业，由于把过多的精力放在了产品营销上，从而忽略了企业核心竞争力的培养。

这类企业的强基因来源于员工们的属性和特点，一旦扎根，短期内很难改变。

来源三：企业延续的历史以及背后包含的精神

从企业诞生之日起就存在的一直延续的精神，是强基因的重要来源之一。比如作为工商先驱的招商局集团，它一直延续的精神就是老一辈革命家勇于探索、敢为人先的宝贵品格。

不仅如此，除企业之外的其他元素也可能成为强基因的来源。比如，知名学府清华大学从建校以来，多次经历搬迁、院系调整等变化，但是"行胜于言""重视实干"等精神，在一代又一代的清华人的脑海中烙下了深刻的印记。

误以为是强基因的几种情况

关于强基因，很多企业家常常将企业的规章制度、企业文化、企业战略误认为是企业的强基因，其实这些和强基因一点关系都没有，充其量只是被强基因激发的后续变量。

（1）管理规章、激励机制

企业的规章制度和激励手段只是企业管理的一部分，会随着企业发展历程和组织结构的变化而变化，跟企业强基因关系不大。

诺基亚的例子就是个很好的说明。诺基亚在成本较高的触控屏问题上决策失误，一些媒体就觉得这是诺基亚失败的主要原因，因为诺基亚始终秉持高效率低成本的经营策略，忽视了在创新方面的开发。

其实，诺基亚并非忽略创新，其产品质量和功能样式上一直走在市场前端。企业应该从强基因中寻找更深层次的失败根源。诺基亚的战略视野太过狭隘一直是企业的短板基因。所以说，诺基亚失败的主要原因是对行业环境的分析有误，导致后来智能机大量涌入市场时，诺基亚已经追不上发展的脚步了。

（2）企业文化

我们可以说企业文化反映出企业强基因的一些特点，但是我们不能说它就是企业强基因。企业文化的诞生本身就是一个多元化的复杂的过程，并且企业文化虽然在企业内部处处体现，但是毕竟是一个抽象的概念，用它来解释企业强基因确实不妥。

（3）企业战略、商业模式

企业营销战略和商业模式的改变会影响企业的发展，或进步，或退步。但是把战略结构和商业模式单拎出来看，这并不算是企业强基因，只能说是企业强基因激发出的表现形式。

假如战略结构和商业模式发生了变化，甚至企业领导人、员工、企业名称、经营范围都发生了变化，那么这无疑是企业强基因的重构。

也就是说，一种企业强基因可能会对应多种战略结构。企业在发展的历程中，有时会激流勇进，有时会安如泰山，走过多元化发展之路，也做过企业聚焦，这都是在同一种强基因支撑下做出的不同的战略调整。

这也在告诉企业，假如目前的企业强基因能够助力企业实现目标，就没必要再对企业进行大规模的改变。

（4）行业经验或产品经验

传统行业常常会被取笑没有电商的强基因，在今天的市场上没有发展前途。注重生产制造的企业又被说"只会生不会养"，甚至还有人觉得中国企业就是墨守成规，不会搞创新。其实这样说缺乏事实依据，站不住脚。

之所以会有这种说法出现，无非就是企业缺乏对应的技术经验，但这种经验可以通过转型重新获得。据不完全调查统计，在美国前十名的电商企业中，纯电商企业只有一家，其他都是由传统零售行业进化而来的，比方说沃尔玛。

大家可能不知道，诺基亚最初的业务是以造纸、橡胶经营为主的，可是后来也当了一段时间的通信业大佬。腾讯的强基因是社交软件，后来也开发出了适应大环境的"微信"。

4. 强基因对于企业发展的价值何在

企业重视、挖掘强基因的过程，就是为企业未来发展进行选择和定位的过程。企业的强基因决定企业"有所为，有所不为"，企业会根据强基因来确定未来的发展重心，选择一个适合自己的、可持续发展的空间进行开发。在这个领域，企业占据"我有你没有，你有我更优"的竞争优势，再通过不断强化，形成无懈可击的核心竞争力。

重视和挖掘企业强基因的意义

市场是充满各种诱惑的，诱使企业一步步地走进不是自己的强基因或没有任何竞争优势的空间，其结果往往是付出沉痛的代价，甚至是全军覆没。曾经声名显赫的太阳神集团就是前车之鉴。

太阳神集团的前身是黄江保健品厂，当时黄江参加了由国家体委举办的保健品评比。在评比中，其生产的头牌产品"万事达生物健"一举拿下了金奖，品牌知名度一下子就打响了。

获奖后的第二年，生物健技术的持有人怀汉新辞职，全身心投入保健品厂的运营中。同年8月，黄江保健品厂正式改名为"太阳神集团"，由于产品在市场上大受欢迎，当年的营收就达到了750万元，两年后销售额突破2.4亿元。

为了让企业的发展空间更大，怀汉新斥巨资聘用了一批青年才俊，把与他一同创业的9位高层元老全部换掉，并且还引进了当时最先进的企业形象识别系统。

1993 年，太阳神集团的年销售额突破了 13 亿元，几乎半个中国都在卖太阳神的产品。然而，怀汉新在胜利的光环笼罩下彻底失去了理智，决定让企业进行多元化发展。仅 1993 年一年，太阳神就开辟了 20 多个新项目，覆盖了房地产、贸易、酒店、化妆品等行业。不仅如此，太阳神集团还在全国范围内进行了大规模的收购和投资。

好景不长，没过多久，多元化发展带来的问题就集体涌现了。在短短两年内，太阳神集团的投资金额高达 3.4 亿元，但是却没有收到任何成效，这些钱都打了水漂。1995 年底，太阳神集团在香港上市后，股价大跌，1997 年企业亏损将近两亿，股价一度跌落谷底。尽管此时怀汉新主动引咎辞职，但已经错过了最佳的止损时期，太阳神集团从此变为"夕阳"。

对于太阳神集团的衰落，我认为原因是怀汉新没有抵御住外界的诱惑，使得企业在后来的发展中丢掉了强基因，期望全面开花，结果却全线败退。

企业不管处于哪个发展阶段，一定要对自己的强基因有清楚的认识。那些成功的大企业，大部分只做自己最擅长的那一两个优势项目。先把自己的基础打扎实了，才能把企业做大做强。

企业为什么要重视和发掘自己的强基因？强基因对企业来说有什么意义？这可能是许多企业家都想搞清楚的问题。重视和发掘强基因需要企业家对企业的优势有准确的理解，更需要企业家深刻认识到强基因对于企业发展的重要意义和价值。

重视和挖掘企业强基因对企业的价值

不言自明，挖掘企业强基因的目的就是要推动企业发展，解决企业在发展过程中遇到的问题。这就是企业家要挖掘强基因的最好理由。具体来说，强基因对企业的发展有如下五个重要价值（图 1-5）。

图 1-5　重视并挖掘企业强基因对企业的价值

（1）帮助企业家更准确地选择自己的业务

企业的发展方向是由企业的强基因决定的，强基因对企业的核心业务、战略业务、新兴业务有明确的指导作用。所以说，企业家做决策时，有了强基因的支撑，就容易多了。强基因让企业家明白，真正应该推行的业务，是那些企业擅长的、有优势的领域，那些和企业强基因相违背的业务，都应该按兵不动。

（2）促进企业各部门协调发展

企业的强基因不仅能在宏观上指导企业，在微观上还能促进企业各部门协调发展。在强基因的指导下，所有的员工都能很清楚地明白企业的发展方向，并齐心协力朝着这个目标前进。所以说，企业的强基因能让全体员工体会到，企业是一个完整的系统，要想实现目标，就要恪尽职守，与他人紧密配合。

（3）提升企业的竞争力

企业的强基因还能帮助企业提升自己的竞争力。由于强基因的特质，企业在制定营销策略的过程中会充分考虑到目前的实际状况，因此强基因有助于企业在市场竞争中获得有利的地位。

（4）指明企业的发展方向

企业的强基因还能为企业在发展过程中指明方向。只有方向明确了，企业的经营管理之路才不会偏，才知道做什么是正确的。只有坚持做正确的事，才能让企业最大限度地合理分配资源，达成最终的目标。假如企业连最基本的方向都没有把握准确，把大量的精力都浪费在短板上，是非常愚蠢的，就像在温水煮青蛙，丝毫意识不到危机正在来临。

（5）明确企业的发展目标，指出企业实现目标的方法

企业强基因能帮助企业明确发展目标。清晰可靠的发展目标有利于团结员工，鼓舞员工们的斗志，激发员工们的潜力。远大且现实的目标是促使企业发展的催化剂。当企业把强基因渗透到企业经营管理的各个层面、各个系统时，才能让大家对企业的目标达成共识，才能让员工们最大限度地释放出自己的工作热情。

强基因不仅能为企业指明方向，还能告诉企业如何才能走到目的地。企业强基因能在思想、策略、措施上对企业加以提点，是企业快速实现目标的保证。不仅如此，企业强基因还能拓宽企业家的视野，提高企业家们操盘未来的能力。

综上所述，重视和挖掘企业强基因实际上就是为企业的未来投保，促进企业的可持续发展。强基因并不是一个凭空想象的虚幻观念，重视并挖掘企业强基因对改善企业经营管理、扩大企业利润空间、推动企业发展是有实际意义的。企业强基因对企业的意义，就如同思想对一个人的意义。没有思想的人，该如何走好自己这一生呢？

第二章
出路：企业如何挖掘并运用好强基因

······ 导　读 ······

管理学中有一个非常著名的"木桶定律"，也称为短板效应。一个木桶能盛多少水，并不取决于最长的那块木板，而是取决于最短的那块木板。

这个定律告诉我们：盛水的木桶是由许多块木板组成的，盛水量也是由这些木板共同决定的。只有木桶的每一块木板都一样高才能装满水，否则只是浪费。但是，这个在商学院里被奉为经典的理论其实是非常害人的。你想啊，本来还有长处，结果你老是想着去弥补短板，结果优点都发挥不出来。

我认为，这个理论应该这么改一下，就是不但那个短板不要去弥补，连那个木桶都不要了，干脆把它给拆了，然后把那些板都接起来，变成一根棍，一根长长的棍，还要把顶端削得尖尖的，然后去戳，那才叫厉害。我把这理论叫作"长棍理论"。

决定一个企业成败的核心因素往往是它的优势，抓住优势，并利用好它，这反映了一种独特的思维模式，这种思维模式就是长棍思维。

众所周知，任何理论都有其存在的意义，思维也是一样。我们想要依靠某一个理论"一招鲜，吃遍天"，这显然是不现实的。所以要理解一种理论和思维，理性的做法就是明确这种理论和思维的前提。

一个人如果有自己的强基因，很容易出类拔萃，一个企业也是如此。弄清自己的优势，发掘自己的强基因，企业才能拥有自己的核心竞争力。企业要想在行业里成为标杆企业，就要具备独一无二、无法被模仿的企业强基因。这种强基因，最终将企业的能力与客户最看重的有效价值完美地融合在一起。

日本有一项非常传统的工艺，距今已经有几百年的历史了。这种工艺最大的特点就是可以在非常小的漆器上绘制精美的图画，这种技艺是别人无法轻易模仿的，这就是日本的强基因，这类产品自然能在市场上独占鳌头。

那么，对于企业来说，应该怎么挖掘自己的强基因呢？

几乎每家企业的背后都有一个或者好几个优秀的企业家。通用的传奇离不开杰克·韦尔奇的领导，阿里巴巴的成功与马云是分不开的，海尔的成功离不开张瑞敏的运筹帷幄。因此，发掘企业强基因，不妨先从企业家入手。

除了企业家之外，企业整个团队的管理经验和管理者的水平也是强基因的决定因素之一。因此，团队强基因也是企业发掘的重点。

除此之外，一个人想要获得一技之长，就必须每天不断学习，企业想要获得强基因，也需要每天进步。不积跬步，无以至千里，每天进步一点点，就能到达自己想去的远方。

难道知道如何挖掘强基因就大功告成了吗？还没有。在挖掘了强基因以后，还需要学会运用。"纸上得来终觉浅，绝知此事要躬行"就是这个道理，实践才是检验真理的唯一标准。

1. 发掘企业强基因从企业家入手

坊间有句俗语："龙生龙，凤生凤，老鼠的儿子会打洞。"虽然这是一句带有玩笑意味的谚语，但是能够广为流传，一定有其道理。其实，这句话主要强调了一个问题，即"先天传承"。

话糙理不糙，这句话从侧面印证了遗传的重要性。其实，创立企业也是一样，创始人一手建立起的企业，就像父母一手拉扯大的孩子一样，虎父无犬子，如果企业创始人有很强的基因，那么其创立的企业必定也是具有强基因的。

企业家的关键作用

我们可以想象一下：

没有乔布斯，会不会有苹果？

没有比尔·盖茨，微软还存在吗？

没有任正非，华为会不会有今天的成就？

没有马云，阿里巴巴还能不能叱咤电商界？

没有马化腾，腾讯会不会有这么大的用户群？

从某种意义上来说，企业家是天生的，这种"天生"并不是说他注定就是有钱人，或者注定就是大老板，而是指与生俱来的领导者的个性和气质。企业家决定企业的发展，企业家的个性会影响整个企业的行事作风，决定企业基因的强弱。比如，海尔和美的都是我国家电行业的佼佼者，但是这两家企业的作风却是大相径庭。海尔比较高调，而美的却脚踏实地，把每一步都走得很扎实。这种个性其实就是张瑞敏、何享健两位企业家的领导个性。

企业家对企业基因的强弱起到的决定性作用是不容忽视的。一个可能事关企业未来发展甚至生死的决策，就会凸显企业家的决定性作用。例如，美的集团在1998年还处于发展初期，何享健毅然做出决定，收购安徽芜湖一家空调企业，开始战略性扩张。这一举动在当时被业内外人员视为惊险之举，然而就是这一决定奠定了美的集团全国性扩张的基础，并且很大程度上影响了整个中国空调产业的发展。

企业家的见、识、谋、断、行

企业家决定着企业基因的强弱。企业家的领导行为是一个不断发现问题、解决问题的过程，从决策过程来说就是"知"与"行"的解决问题过程。宋代的理学家朱熹强调"先知后行"，而明代的王阳明则强调"知行合一"。在问题解决过程中，从逻辑上讲，应该是先知后行，知而后能行，最后在行动上要达到"知行合一"。

也就是说，企业家要想让企业具有强基因，应从"见、识、谋、断、行"这五个方面提升自己的能力（图2-1）。这就好比父母养育孩子，想让孩子具有强基因，首先父母得想办法提升自己。

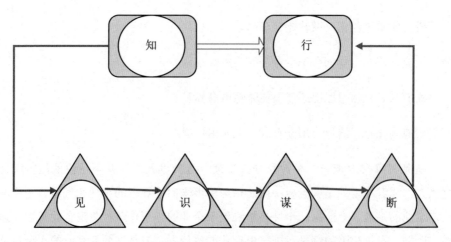

图2-1　企业家提升自身能力的五个方面

（1）见

所谓的"见"，是要求企业家一方面具备专业领域的知识，另一方面要树立强烈的问题意识，要有危机感。在强烈的问题意识下，在给自己定下远大目标的同时，要懂得不断去"见"到问题，也就是发现问题。发现问题就是寻找差异的过程。企业家要懂得通过寻找与原定目标的差异，与正常水平的差异，与先进水平的差异，与竞争对手的差异，与变化趋势的差异，来帮助自己发现企业运营过程中的各种问题。

强烈的问题意识要求企业家一方面站在未来的角度来观察、思考现在的状态，另一方面也要求他时刻关注日常工作中蛛丝马迹的变化，及时发现企业问题。对企业家来说，要实施"走动式管理"，定期或不定期地经常到企业的各个现场，例如生产车间、各个部门的办公室、经销商处等，通过观察生产车间现场的机器运转、工人操作以及与部门员工的亲切互动等来获得第一手的信息，从中发现经营管理中的问题。

亲临现场调查是企业家发现问题的第一原则，只有亲临现场，才能得到第一手的信息，才能真正把握事情的真相。成功的企业家都是现场调查的最大实践者和拥护者。

娃哈哈为什么能够成为中国最大的饮料企业？这跟娃哈哈的当家人宗庆后长期坚持现场调查有直接的关系。

宗庆后是一个非常强势的领导，从 45 岁开始创业一直到现在，所有的决策审批基本上都是亲自完成，这是一种高度集权的领导方式，即使是现在，娃哈哈已经有几百亿元的销售额，情况也基本如此。

为什么高度集权决策模式下的娃哈哈还能快速发展？因为宗庆后坚持现场调查，知道市场需要什么。宗庆后一年有 200 多天跑市场，他在接受《中国经营报》记者采访时说，他从不做那种程式化的市场调查，而是凭自己的双脚去走访市场，凭自己对市场的感觉进行决策，而且一旦确定，就要快速执行。

（2）识

所谓的"识"，就是要求企业家懂得辨识企业真正的问题所在，掌握全局，把握关键。要做到这一点，企业家需懂得从以下三个方面进行战略思考（图2-2）。

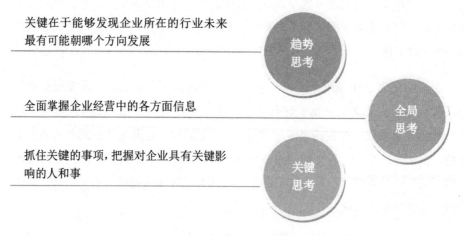

关键在于能够发现企业所在的行业未来最有可能朝哪个方向发展

趋势思考

全面掌握企业经营中的各方面信息

全局思考

抓住关键的事项，把握对企业具有关键影响的人和事

关键思考

图 2-2　企业家进行战略思考的三个方面

企业家的"识"是指在正确思考的前提下为企业找到正确的方向和目标以及实施的方法。

著名的管理大师德鲁克指出，管理者首先要"做正确的事"，然而才是"把事做正确"。对拥有自行定义问题权责的决策者，在他自己进行任何谋断之前，都应该先做上述理解问题的检验。唯有这样，他才能确认自己的决策是"为所当为"；也唯有确认"为所当为"之后，后续的谋断决策工作才有意义，企业才能避免发生"将相有误，累死三军"的资源浪费。

有的企业家因为缺乏系统性，在"识"的工作上做得不充分，导致在"谋"和"断"的环节上反复不定，搞得下属无所适从，除了浪费资源外，还把事情搞得一团糟。

（3）谋

所谓的"谋"，就是为决策问题研究、拟订各种可能的备选方案，也就是说"谋"主要进行两项工作：备选方案的研拟和方案后果的预测。由于"谋"是在为解决问题找对策，所以对策与问题之间必须具有因果关系——也就是"对策"必须具有"解决问题"的效力。

要做好这两项工作，企业家必须具备相应的专业领域知识。所谓的专业领域知识，就是有关某领域系统演化机制的知识，因此要确认对策与问题之间是否具有因果关系，企业家必须能够预测对策付诸实施之后，相关的运作究竟会发生什么变化，包括变化的方向以及变化的幅度。因为唯有决策者对备选方案的后果能够做出专业的预测与判断，才能在后续"断"的阶段，针对各个备选方案进行优劣评估。

"谋"的阶段讲究创意，这一创意通常来自决策者对系统变化机制的深刻洞察。重大决策的"谋"也讲究对问题情境的全面预演，也就是充分预测到决策后可能产生的变化。这就好比下棋，棋手不能只考虑当下的一步，他还必须预想接下来可能的发展。

（4）断

"断"是指在备选方案中选出解决问题的最佳对策。有谋即有断，谋与断就像一对兄弟。当问题解决方案提出后，面对未来的不确定性，企业家需要具备敢于决断采取哪一种方案的胆识。

（5）行

所谓的"行"，是指在确定了方向、方法后，按照既定方案去执行与坚持。在"行"的方面，企业家要具备不达目的不罢休的毅力、能够克制自己情绪的忍耐力、遇到困难和挫折的沉着冷静、阶段性成功后的不骄不躁，这些"行"的品质是企业家成功的保障。

总体来说，在"见、识、谋、断、行"这五个方面的特质中，"谋"与"断"的特质只是一种"把事情做好"的技术层面工作；要真正确保"谋""断"的功夫不会白做，必须进一步做好它的上游作业——"做正确的事"这一层次的工作，也就是"见"与"识"。作为企业家，尤其需要不断地给自己提出各种各样的问题解决方案，以推动公司的发展。"见""识"在工作中要居于主导地位。

企业家需要从这五个方面提升自己的能力，才能"孕育"出企业的强基因。

2．团队是培育企业强基因的焦点

比尔·盖茨曾经在接受采访时被问道："你能不能创造第二个微软？"

比尔·盖茨很坚定地回答道："当然！只需要从我现在的团队中抽调100个人！"

他接着说："你可以拿走我的产品、我的公司，只要我的团队还在，我依然可以建立新的微软王国。"

的确，产品、战略、市场等固然重要，但更为重要的则是团队。只要你有一个具备强基因的团队，做什么都能成功。

产品和市场只是企业发展的途径，团队才是挖掘强基因的焦点。企业战略会随着大环境的变化而变化，但是只要团队还在，精神还在，那么不管遭受怎样的变故，都可以保持战斗力，最终都会成功。

什么决定了团队的强基因

团队的强基因是由团队的作风决定的。华为有那么多强劲的对手，为什么还能一路过关斩将，取得今天的成绩？就是因为华为拥有一支作风优良、能打胜仗的团队，这就是华为的强基因。

华为的团队充满"狼性"的风采，敏锐的观察力、灵敏的反应和群攻战术都是华为的强基因。华为的销售人员占据全部员工的三分之一，他们和其他部门的配合相当完美，众人拾柴火焰高，借助团队的力量，努力获取市场份额，抢占市场，效率极高。华为从签合同到发货，只需要 4 天，这样高的效率，让对手望尘莫及。

领导力也是团队强基因中不可忽视的一部分。举一个很简单的例子，一条产品线如果模具出了问题，产品一定会有问题。管理也是一样，如果团队的领导力不强，送多少优秀的人到队伍里都无法打造出优秀的团队。俗话说，强将手下无弱兵，如果领导者领导力强，雷厉风行，那么员工一定会耳濡目染，从而影响自己的做事风格，最后整个团队就会具有强基因。

既然如此，企业该如何挖掘团队的强基因呢？这还要从选择人才开始说起。在上一章我说过，企业的强基因是无法打造的，只能挖掘和培育。所以，只有选拔和培育好人才，组成一个优秀团队，才能培育出企业团队的强基因。

将核心高管和合伙人纳入麾下

优秀的老板是一家企业成功的重要因素之一，但是企业想要成功不是单凭老板一个人的能力就行的，必须有一个有向心力的团队共同努力。

2011 年，小米手机作为智能手机市场的后起之秀，不仅让手机市场重新大洗牌，还让掌门人雷军一炮走红。这是雷军一个人的功劳吗？不是。据了解，小米的合伙人大多是来自微软、谷歌、金山等著名 IT 企业的人才。想让企业做大做强，企业老板必须做好核心团队的组建。

那么现在问题来了，到底如何找到能够培育企业强基因的核心高管和合伙人，一起迎接挑战，实现企业做大做强的梦想呢？

要想做到这一点，至少要满足以下三个要素（图 2-3）：

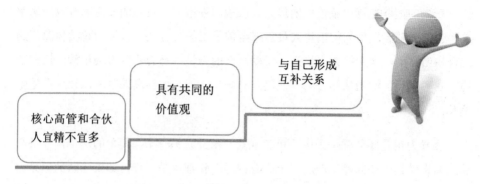

图 2-3 企业选择合伙人和高管的三要素

（1）核心高管和合伙人宜精不宜多

企业在找合伙人时，我的建议是不要找太多的合伙人，因为志同道合的人毕竟在少数，能遇到一个就很难了。创业初期，最佳的创始人数是两人，比如乔布斯和沃兹尼克、艾伦和盖茨、惠普和派克，等等，都是一个主外，一个主内，分工明确，成就了非常完美的合作。

（2）具有共同的价值观

三观不合怎么在一起？选伴侣如此，选择合伙人和高管更是如此。只有世界观和价值观一致的人，才会向着共同的目标一起奋斗。合伙人和高管对企业未来的设想、目标的确立、企业文化的创建等都是建立在共同的价值观之上的。可以说，没有相同的价值观，就没有完美的合作。

（3）与自己形成互补关系

每个人都有自己的短板，就算是企业家也不例外。互补的意思就是，合伙人和高管在不同的领域都有自己擅长的部分，可以弥补对方身上的短板。在很多成功人士看来，合伙人必须各有所长才能更好地分工。比方说一个负责市场，一个负责管理，好的管理人员相当于稳住了企业的大后方，让企业没有后顾之忧，这样才能更好地开辟市场；同样，有能力的市场人员，不仅能把产品卖出去，还能和投资人、客户保持良好的关系。

当企业家在选择合伙人和高管时，应以上面三个要素为基准，并根据企业的实际情况做出调整，选择最适合企业的合伙人和高管，企业才能拥有团队强基因。

最好的中层来自于企业内部

如果把企业比喻成一个人体，那么老板和核心高管就是中枢神经，要对企业的战略和蓝图进行规划和思考；中层管理人员就是脊梁，支撑着企业的结构，协助中枢神经传递信息到企业的每个角落。他们负责企业的沟通，是信息传递的桥梁。

在一家企业中，中层是企业强基因培育的"3号人物"。如果说高层是企业从外面挖来的"高精尖"，那么中层就是企业内部培养的主力部队。中层管理者的素质和能力在一定程度上决定着企业的发展。很多企业战略没问题，员工素质也还不错，但是业绩就是不理想，问题就出在中层管理人员身上。

对企业来说，中层管理人员不要从外部挖来，最好自己培养。为什么这么说呢？

首先，内部员工最熟悉自己企业的经营状况和企业文化。其次，外来人员需要一个磨合期来熟悉公司业务，且对公司并没有多少情感，容易造成人才流失，甚至机密外泄，造成不可预估的后果。身为企业家，一定要有一双伯乐的眼睛，把企业所有的人力资源都开发出来，为企业所用。

把"老A"训练成专才

一家企业业绩如何，看精英员工的比例是多少，大概就能知道了。根据二八定律，一般情况下，一家企业百分之二十的员工能创造百分之八十的业绩。

这百分之二十就是企业的精英，俗称"老A"，他们就是企业要着重进行人力聚焦的中心。一家企业或者一个团队手里没有几张王牌，没有几个"老A"，想要做出业绩是非常困难的。如果说高层是全才，那么"老A"就是专才。

专才可以靠后天的培养实现，那么企业家应该如何把"老A"训练成专才呢（图2-4）？

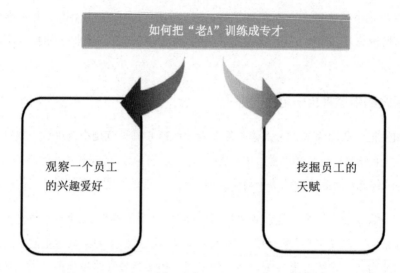

图 2-4　把"老 A"训练成专才的方法

（1）观察一个员工的兴趣爱好

俗话说"兴趣是最好的老师"，企业 HR 要特别注意一个员工谈到什么时非常兴奋，做什么工作非常有干劲，当他面临巨大压力时是如何应对的。毕竟，不是所有的人都是天才，那些没有天赋的人，只要做自己感兴趣的事情，通过后天的栽培，一样可以成为精英。

（2）挖掘员工的天赋

所谓天赋，是指一个人在某些方面天生就很擅长，不用费心培养，比如姚明的身高、李云迪的手、赵雅芝的颜值、李谷一的歌喉，等等。他们在各自的领域非常成功，这和他们的天赋是分不开的。

我曾经协助一家企业做过几年的招聘和人力资源管理。有一年，我们招聘了一批营销专业的大学生，通过 3 年的培养和实践，有几个能力特别突出的慢慢晋升为区域经理。还有一个反应很敏捷、文笔不错的男生，我后来把他分配到了市场部做策划工作。没过几个月，市场部总监跟我沟通，说这个人不适合这个岗位，他对产品不了解，对市场热点也不敏感，在办公室更是静不下心来。

我感到很诧异，就和这位员工沟通。后来我才知道，他不喜欢这份"安静"的工作，他更喜欢去市场上打拼，策划的工作没有他施展拳脚的地方，他觉得很憋屈。随后，我又把他调回了区域经理的位置，他和员工开会时说得头头是道，做营销活动时也游刃有余，当年年底就被评为"年度优秀区域经理"。如今，他已经被一家大型餐饮企业挖去做营销总监了。

就像案例中的这位经理一样，即使一个人有天赋，但放错了位置，一样等于零，放错了位置的人才就是废物。相反，就算一个人没有天赋，如果对某项工作特别有热情，特别感兴趣，那就放手让他尝试，这位员工成功的概率也会很高。

在一个企业中，善于发现员工的长处和兴趣，并且放对位置，庸才也能变精英。

3. 挖掘并利用强基因的六大步骤

企业家和团队是挖掘强基因的关键所在。那么我们知道了挖掘强基因的关键点，是不是企业就可以成功地挖掘出自己的强基因呢？

当然不是。

并不是每个企业都有能力将强基因挖掘出来的。能够成功挖掘出企业的强基因，需要老板及其团队进行反复分析、摸索与总结。大部分企业对于如何挖掘强基因是迷茫的。

我曾经就"如何挖掘强基因"与我投资的企业做过一些探讨，结果各种各样的说法都有。有说成本控制的，有说知识管理的，有说创新的，有说品牌的，等等，不一一列举了。总结他们的方法，好像只是把某个定义放大一些、提升一些就可以成为企业的强基因。

事实是如何呢？虽然挖掘企业的强基因这一理念并不是我独创，但如今确实没有一本专门的书籍来为这一点做个指引。虽然网络上也有关于挖掘强基因的文章，但专业名称一大堆，引经据典，把人搞得晕乎乎的，反而容易让企业走弯路。我试图来找出一些通俗的本质的东西，为企业拨开隐藏着强基因的迷雾，成功找到强基因。

那么，企业究竟该如何挖掘自己的强基因呢？根据多年的实践经验和研究，我认为，企业要想成功地挖掘强基因，需遵循以下六大步骤（图2-5）。

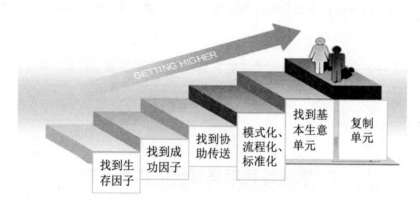

图 2-5　企业挖掘强基因的六个步骤

第一步：找到生存因子

所谓生存因子，就是一家企业能够"活"下来最基本的生存元素。例如，在人口比较密集的地方，方圆两百里以内只有一家餐厅，那么即使这家餐厅的服务态度很差，大家也会去那里吃饭。同样地，方圆两百里以内只有一家医院，即使这家医院的服务态度也很差，但如果有人生病了，也只能去这家医院看病。因此，这家餐厅和这家医院都拥有生存因子。

而一旦有新的餐厅、新的医院加入，新餐厅、新医院可以提供比原有的餐厅和医院更周到细致的服务，那么原有的餐厅和医院的生存因子就会变得非常脆弱。这说明，原有的餐厅和医院生命力不强，处于最低层次的竞争水平，随时有可能会被淘汰出局。也就是说，其现阶段的强基因只能支持顾客最低级别的满意度。

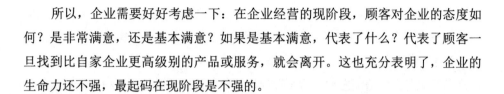

所以，企业需要好好考虑一下：在企业经营的现阶段，顾客对企业的态度如何？是非常满意，还是基本满意？如果是基本满意，代表了什么？代表了顾客一旦找到比自家企业更高级别的产品或服务，就会离开。这也充分表明了，企业的生命力还不强，最起码在现阶段是不强的。

第二步：找到成功因子

对于企业来说，光有基本的生存因子是不够的，还必须强化自己的生命力，找到企业的成功因子。而要找到成功因子，企业接下来就需要做好战略集中的工作。

所谓战略集中，就是指将有限的资源集中起来，焦点清晰地去做好几件重点的事情。我举个简单例子，有的企业同时操作五个项目，有的企业只操作一个，二者哪个会操作得更好一些？很显然，在通常情况下，只操作一个项目的企业可以做得更好，因为人的精力是有限的，企业的资源也是有限的，所谓"力分则弱"。

为什么这样说呢？这里面有个最核心的战略集中问题。具体来说，就是要在顾客购买和享受企业服务的过程中，找到其关注的核心点，然后将资源集中，将这个核心点做到极致。这个从发现核心点到做到极致的提升过程叫作最核心的战略集中。

那么，企业做到什么程度，才会获得比较好的效果呢？换句话说，做到何种程度才算找到战略集中，找到企业的成功因子呢？答案是让顾客感到非常满意。顾客感觉到非常满意之后，就会有一个结果出现——决定购买，就会在他们相熟的人群中形成对产品或服务的口碑传送。企业要学会从顾客的购买行为中不断进行分析和总结，并对决定顾客购买行为的相关元素进行传送、优化和提升，进而挖掘出企业的强基因。

第三步：找到协助传送

做企业往往就是在帮顾客解决他遇到的问题，为顾客提供能够满足他需求的产品和服务。试问，如果顾客没有遇到问题，他会不会去主动消费？大部分不会。就是因为有问题，有需求，消费行为才会出现。消费完之后，如果顾客很满意，就意味着他的问题被解决了，他的需求被满足了，他的梦想被实现了。这时，如果身边的朋友遇到了类似的问题和困难，就可以将满足他需要的这家企业的产品或服务介绍给朋友们。这个过程就是顾客传送，而且是一种自然传送，是发自内心的，没有任何强迫色彩的。

自然传送这样重要，那么它发生的概率大不大呢？很难说，因为我们无法对单个顾客的自然传送行为为精确地跟踪和统计。为此，企业要想办法让顾客帮助自家企业去做顾客传送，而宣传和营销就是促进顾客帮助自家企业进行顾客传递的有效方法，这就是协助传送。

当找到生存因子、找到成功因子、找到协助传送三步顺利完成时，企业就变成了一家非常有生命力的企业。

第四步：模式化、流程化、标准化

企业可以凭借"生存因子""成功因子""协助传送"把企业做起来，但要做大做强，就需要进行模式化的转变。

什么是模式化？我所说的模式化就是把做得很好的东西拿出来复制，把它做大。成功因子是最重要的一套知识结构和系统，所以，在模式化的过程中，首先要做到的一点就是把成功因子模式化。

什么时候才能启动模式化呢？是不是做到客户基本满意就可以模式化了呢？当然不是。因为模式化什么，出来的结果就是什么。比如，制造杯子的模板是破的，那么复制出来的所有杯子就都是破的。

模式化主要包括四个过程，依次为模块化、流程化、标准化和量化。我们先要了解做好这件事的大体框架，明白需要做好哪几件事情。要实现模式化，第一步先要做到模块化，然后再进行流程化和标准化的操作，这个顺序不能变。

切忌操之过急，不要还没有学会走，就一下子想跑。很多企业就是因为太着急实现流程化、标准化，反而一下子让自己陷入了困境。究其原因，就是没有将后面的工作建立在切实有效的基础上。

我刚开始做企业投资时就因此遭遇过瓶颈。几年前，我为深圳一家企业做咨询，该企业是教育行业的领头羊。为了保证企业的领先地位，我对企业进行了全方位的流程化、标准化改造，请专门的投资机构进行指导，采用的是本行业最先进的管理模式，我以为这下肯定没有问题了。谁知，恰恰事与愿违，改造只进行了一年，还没有完成，企业就走下坡路了，原来的领头羊位置开始动摇，对企业的改造不得不停下来。

一番痛定思痛之后，我鼓起勇气，重新研究了之前夭折的改造计划，找到了失败的真正原因。原来，开始流程化改造的时候，企业还没有实现模块化。也就是说，还没有学会"走"，就盲目地开始了"跑"。这样一来，即使改造采用的是本行业最先进的管理模式，也不会起到应有的作用，甚至还成了企业发展过程中的绊脚石。经此挫折，我终于明白了，要实现企业的可持续发展，就必须先确保模块化的实现，然后才能开始流程化、标准化的进程。经过思考后，我又与企业管理者深入分析了企业目前做得最好的业务模式，将它们模块化，然后又做了流程化改造，最后取得了成功。

而要实现流程化，就必须重视两个要素：客户和整体目标。企业需要从客户的需求出发，促使全体员工为企业的整体目标服务，而不是让员工们只为部门利益或个人利益服务。

当流程设定完毕，经过一定时间的运作，确保流程有效之后，就可以开始下一步——标准化了。没有流程化有效运作的基础，标准化是很难实现的，即使如肯德基、麦当劳那样连锁店遍天下的世界知名企业也不能例外。所以，如果我们只是拿出几个月的时间去短暂学习一下，就想将标杆企业的标准拿来为我所用，是很难获得预期效果的。

模块化、流程化和标准化的工作完成之后，企业就可以开始规模复制自家企业的成功经验了，也就是最终的量化。图 2-6 就是一家企业模式化实施的过程，它是整个企业经营过程中非常重要的组成部分。

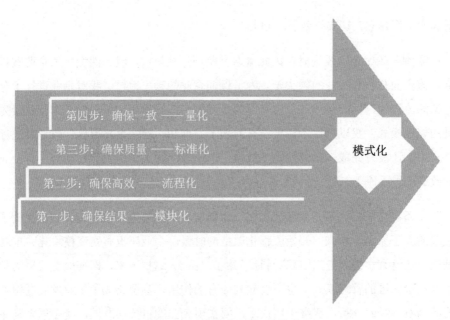

图 2-6　企业模式化实施的过程

在没有真正把成功因子等核心要素模式化并复制下去之前，企业很难做大做强，如果企业领导者寄希望于"空降兵"解决企业所有问题是不现实的，解决问题的根本办法还是靠企业自身的成功因子起作用。

第五步：找到基本生意单元

模式化之后的步骤叫作基本生意单元。基本生意单元就是成功因子全部模式化之后，企业要利用这些模式化的成功因子完成一门单独的生意。

比如，在零售终端行业中，一个店铺、一个店面，就是一个基本生意单元；在一个销售团队中，一个品牌商、一个代理商，就是一个基本生意单元；在保险公司中，一个业务团队，就是一个基本生意单元；在工厂中，一条生产线，就是一个基本生意单元。

企业要想实现业绩增长 10 倍的目标，应该怎么做？

经过一番实践和分析，我最后发现，要实现这一目标，要么是一个基本生意单元实现业绩增长 10 倍，要么是创造 10 个基本生意单元。事情看起来似乎并不难，但我们一定要清楚，一个基本生意单元是有业绩上限的。因此，在提升基本生意单元之前，企业一定要定义清楚，什么才是企业的基本生意单元。

作为新三板企业投资人和"换道思维"的奠基人，十几年来，我见过很多企业将营业额做到几百万元、几千万元之后就再难以实现突破。究其原因，就是企业总是弄不清楚自己的基本生意单元是什么。这样一来，企业的强基因就无法复制扩大，企业的发展壮大也就无从谈起。只有找到了企业的基本生意单元，才会有下一步——复制单元。

第六步：复制单元

什么叫复制单元？复制单元就是一群人组合在一起，只专门做复制基本生意单元的事情。比如，开一家实体店就是一个基本生意单元，企业里专门有一个团队来做复制店、开店、管理店的工作。这个团队的工作就是复制基本生意单元。

那么这个复制基本生意单元的团队到底是一群什么样的人？答案是企业的核心层、管理层。微软的创始人比尔·盖茨就曾坦言，哪怕把现在所有的东西都拿走，只要把核心的100位员工留下，三五年之后，他仍然可以创造出一个微软。也就是说，在比尔·盖茨心中，能够成功复制微软基本生意单元的是核心团队。核心团队是企业真正的人才。

其实，国内也不乏同样的例子。众所周知，蒙牛的创始人牛根生在创业的时候几乎是一穷二白，什么都没有，唯一拥有的就是200多位支持他创业、跟着他一起干的伊利前高管。这是些什么人？核心团队！尽管创业之初，牛根生没有其他明显的优势，但是有核心团队。只要有核心团队，就会吸引风险投资，就会创造机会。所以，掌握复制单元的核心团队，对企业来说意义重大。

没有模式化就无法去管理，不成单元就难以复制。企业需要把具体工作拆解为一个一个的单元，并让员工能够自己独立运作，只有这样才能实现有效的管理。如果企业上下到处都是一团乱麻，复制单元就会变得很困难。缺乏基本生意单元，缺乏核心团队，休想做大企业。尽管有些老板已经将营业额做到了几千万元，但是因为没有核心团队，很难让自己的企业有更好的发展。

综上所述，挖掘强基因的六个步骤：从基本满意到战略集中，到顾客传送，再到把好的东西模式化，然后定义出自己企业的基本生意单元，再去组建企业的核心团队去复制和管理基本生意单元。于是，企业就可以从一个小小的、不成样子的"个体户"变成拥有自己强基因的"大"企业。

4．如何运用并管理好企业强基因

商业的本质是传递价值和参与竞争。因此，对强基因的利用，能够为企业带来充分的竞争优势，并确保企业的持续发展。

不过，企业的强基因能否产生这样的作用，取决于企业对强基因的运用，以及企业能否将强基因和其他资源相结合。如果对强基因的运作不能做到这一点，将带来严重的后果。同时，伴随着企业的成长和扩大，企业家也必须对企业的强基因进行培育，让企业不断获得新的定位。

小米作为一家年轻的创业公司，仅仅花费三年时间，就将企业的销售收入从0元做到300亿元，其估值也超过了100亿美元。要知道，联想将市值做到这个数字，整整花了30年。很多人将小米的成因归因于其营销手段。其实小米的成功，在于将互联网这一重要的强基因进行了开发和运用。

对于小米的成功，其联合创始人雷军和黎万强曾经多次强调过互联网的重要性。他们认为，小米并不只是销售手机，而是在利用互联网向用户出售梦想和参与感。对此，雷军说："相信'米粉'，依靠'米粉'，从'米粉'中来，到'米粉'中去，是小米模式最核心的竞争力。"而这样的竞争力，源于小米将互联网视为企业强基因。

小米的成功，不管是其商业模型中的粉丝经济、期货策略的作用，还是社交媒体平台的饥饿营销，抑或小米领导层强调的模型要诀——"专注、极致、口碑、快速"，最终都离不开对互联网这一强基因的开发。

小米对于互联网的开发，倾注了很多心血，包括举办由 CEO 亲自担任客服的活动、多种线下粉丝交流会，对微博和微信账号上的 400 多万粉丝、上千万的 QQ 空间粉丝、论坛上千万的注册用户和每天上百万的活跃用户进行维护，时时互动，等等。不仅如此，小米还对产品软硬件开发过程进行高度信息化整合，每个环节都发动用户参与其中，让用户充分体验到存在感。

虽然小米依靠抓住互联网这一强基因迅速将企业做大，但随着竞争对手的进步，一个问题也随之产生：包括华为这样的企业开始意识到学习小米的重要性，越来越多的企业也开始对互联网进行开发。因此，小米要想保持企业的持续发展，就不能仅仅停留在互联网这个宽泛的强基因上，而要继续挖掘自己强基因更深层的东西，就是那些只有自己能够做得到，而别人做不到的东西。

将强基因作为核心来建立商业模式的格局，是建立在具有战略高度的设计眼光和手法上的。这种高度体现了强基因作为核心要素的重要性，并将强基因作为核心，围绕企业的使命、运行的领域，形成有机的整体来构筑商业模式基础。所以，对企业的强基因能否做到合理运用、管理是强基因理论的核心内容。

如何合理运用企业的强基因

那么，企业应该如何合理运用自己的强基因呢？下面是三个行之有效的方法：

（1）评估已有资源，发掘强基因

企业家要对企业目前拥有资源的价值进行全面评估，发掘强基因。一般来说，企业家都希望自己的企业可以拥有更多资源，但在现实中，企业拥有的资源并不都能创造出应有的优势。因此，企业家应该从战略角度出发，以超越对手为标准，对资源进行综合的权衡和客观的评估。

企业家应该多问问自己这些问题：公司哪一种资源最有价值？哪种资源能够更加持久地发挥价值？哪种资源能够做到独家拥有？企业应通过这些问题，对资源进行分类并测试，然后确立其中的强基因。

需要注意的是，如果企业由于各种原因没有发现任何一项具有较高价值的资源，那就需要通过有效协调、培育，让现有资源成为强基因。

（2）长期保持强基因

对于强基因，不仅需要及时发现，更需要长期保持。但客观现实是，强基因往往会因为环境变化或者对手竞争而难以长期保持。企业只有通过积极进取、不懈努力，充分调动并不断投入企业内部的资源，才能实现对强基因的长期和充分利用。

企业要想长期保持强基因，应该从以下两方面入手（图2-7）：

图 2-7　企业长期保持强基因的两大要素

一方面，企业应该对强基因不断进行投资、更新，从而提高强基因的层次。

另一方面，可以通过不断寻找新的途径，发挥强基因的最大效用，从而保持强基因在商业模式中的地位，充分发挥强基因的影响和渗透能力，促进企业竞争领域的扩大。

（3）进行有效分配和协调

一般来说，企业找到自己的强基因之后，还需要对其进行积极管理、分配和协调。否则，强基因也会变得不再具有"优势"。

如何管理企业的强基因

下面的方法可以帮助企业提升对强基因的管理水平，并将之应用到自身的商业模式中。

（1）对强基因进行聚焦

将强基因聚焦在某个能够与之相匹配的竞争领域中，从而制定专业化的商业模式，并使之形成发展战略，创建属于该模式的战略优势，使得企业在竞争中立于不败之地。

（2）对强基因进行转移

当企业现在的强基因已经无法产生最大价值时，企业就应该对其进行转移，将强基因转移到与之相配的事业领域，创建新的战略优势。另外，对强基因的转移，还可以通过对"人"的转移来进行转换，因为强基因并不一定都是有形的，也有可能是以知识、方法、经验、技能和职务、权力、责任等形式存在于不同员工身上，在这种情况下，只有通过对"人"的转移，才能发挥出这些资源的最大效用。

（3）对强基因进行共享

近年来，一些企业利用远程工作、电子商务、集成系统等先进的经营管理元素，创建了新的管理模式，并最终构建成强大的商业竞争的战略优势。其中，很大原因在于对强基因的共享——让最重要的强基因占据核心位置，并以此调动公司其他资源，从而获得整体性的优势。

在竞争越来越激烈的情况下，发掘强基因并把它运用好，显得越来越重要，而忽视强基因的企业，将会面临被淘汰的困境。打造战略优势，将强基因作为核心，才能拉开你和竞争对手之间的差距，让企业获得长久的发展。

挖掘强基因是为了找到一块足够大而自己又能够守得住的阵地。

Part 2 换道——用品类战略赢企业未来

第三章
换道：实施品类战略，缔造细分领域王者

我说过，一家企业的江湖地位是由它的长板和强基因决定的。那么，一家企业的市场地位是由什么决定的呢？

我的答案是，品牌。

什么是品牌？从狭义上来说，就是一个牌子，比如匡威、耐克、阿迪达斯、迪奥、香奈儿……都是品牌；但是从广义上来说，品牌是那些能带给消费者美好体验的产品，能留住消费者的产品。

比如，提到羊毛衫，我们首先就会联想到恒源祥；

提到奶茶，首先会联想到香飘飘；

提到洗发水，首先会联想到海飞丝；

提到巧克力，首先会联想到德芙；

提到比萨，首先会联想到必胜客；

……

其实还有很多企业做羊毛衫、做奶茶、做洗发水、做巧克力、做餐饮，可就是没有它们有影响力，只能做万年绿叶，这就是品牌的威力。

那么，该如何打造企业的市场地位呢？

我的答案是：实施品类战略。

品类是潜藏在品牌之中的洪荒之力。如今，市场上的产品大多都在跟风，什么红卖什么，品类单一，没有任何竞争力。找准市场，细分品类，才能让企业赶超竞争对手，在蓝海中自由遨游。因此，企业应该积极开发新品类，挖掘潜在市场，走品类制胜的道路。

说到品类，令我感到遗憾的是，很多企业家根本不知道什么是品类，更别谈品类战略了。即使有少许企业家对此一知半解，也大多是认为品类就是品牌。

——到底什么是品类？

——它与品牌又有何关系？

——品类战略，能解决企业什么问题？

——企业应该如何实施品类战略，才能让它更加符合企业自身实际情况，并且适应企业长远发展需要？

对于这些问题，很多企业是迷茫的，问题千头万绪，不知如何下手。那么，带着这些困惑，在本章中，你会找到你想要的答案。

1. 品牌还是品类，哪一个更重要

2019 年，全球知名品牌投资机构 Interbrand 发布了"2019 年全球最具价值品牌 (Best Global Brands)100 强"榜单，苹果高居前列，依然是全球最强品牌之一（表 3-1）。

表 3-1　2019 年全球最具价值品牌十强榜

排名	品牌	行业	品牌价值	总部所在地
1	亚马逊（Amazon）	科技	1879.05 亿美元	美国
2	苹果（Apple）	科技	1536.34 亿美元	美国
3	谷歌（Google）	科技	1427.55 亿美元	美国
4	微软（Microsoft）	科技	1195.95 亿美元	美国
5	三星（Samsung）	科技	912.82 亿美元	韩国
6	美国电话电报（AT&T）	电信	870.05 亿美元	美国
7	脸书（Facebook）	科技	832.02 亿美元	美国
8	中国工商银行（ICBC）	银行	798.23 亿美元	中国
9	威瑞森（Verizon）	电信	711.54 亿美元	美国
10	中国建设银行（China Construction Bank）	银行	697.42 亿美元	中国

看到这些数字，许多企业家一定非常眼红，"为什么我的品牌不值钱？"很显然，大家把品类和品牌混为一谈了。

举一个很简单的例子，当你走进一家餐厅，服务员问你："您想喝点什么？"你会思考："我是喝啤酒、红酒还是饮料呢？"想了一会儿，你也许会回答："一杯可口可乐，谢谢。"

实际上，你使用品牌表达了品类。对于消费者来说就是如此，他们习惯用品类思考，但是用品牌选择。看起来品牌更重要，但却不是这样的。品类和品牌是相互依存的，如果品类消失了，品牌也就失去了存在的意义。

简单来说，品类就像是一位母亲，品牌就像是这位母亲孕育的孩子，品牌依附着品类生长。由于孩子太多，母亲不可能面面俱到，于是，孩子只能自力更生。

接下来，我们就从品牌和品类的定义，以及品牌和品类的关系来看看品牌和品类谁更重要。

什么是品牌

说到品牌的定义，一千个人心里就有一千个哈姆雷特。大多数人觉得品牌就是看谁有名，看谁的口碑好，看谁的产品卖得好。总的来说，大家对品牌的看法主要有以下三点：

第一，牌子就是品牌。有一部分老板去工商局注册个商标，就觉得自己有品牌了，要真有这么简单，岂不是随随便便一个人都能做品牌？

第二，名牌就是品牌。这是比较"主流"的看法，铺天盖地的广告让消费者不知所措，最后导致谁的名气大就选谁，这种情况的出现让企业纷纷投钱做广告，忽略产品质量，最后把名牌做成"坑牌"，哪还有品牌可言？

第三，被消费和认可的品牌才是真正的品牌。品牌是企业的脸面，真正的品牌不是金玉其外，败絮其中，而是秀外慧中。企业如果忽略消费者的需求和认可，一味地吹嘘自己，一定会有山穷水尽的一天。

什么是品类

消费者会根据自己的需求，把自己需要的东西分类，就像收纳箱一样，每个箱子里就是一个品类。每个箱子里最多能放六七个品牌，但是自己经常使用的就只有那么两三个，其他都被打入冷宫。

具体来说，品类具备以下五大特征（图 3-1）：

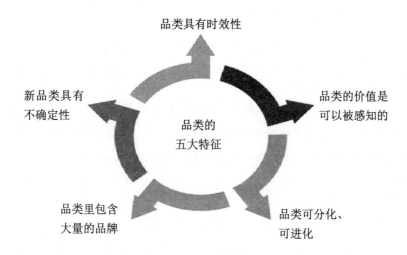

图 3-1　品类的五大特征

（1）品类里包含大量的品牌

如果把品类比喻成一个大石榴，那么品牌就是里面一颗颗的果肉。没有品牌支撑，品类也会变得十分单薄。比方说汽车是一个大品类，里面包括宝马、奥迪、奔驰、雪佛兰、路虎等品牌；手机是一个大品类，里面包括华为、小米、三星、苹果等品牌。

一个品类大小还和它包含的品牌多少有关系。就拿阿胶来说，它本身是一款很好的保健品，但是品类并不大，原因就是踏足这个品类的品牌太少了，没有形成规模。当生产阿胶的商家越来越多时，这个品类就会壮大，消费者的关注度也就跟着上升了。

（2）品类的价值是可以被感知的

每一个新出现的品类一定要让消费者感受到它的价值。在市场上也有这么一群不按套路出牌的商业奇才，他们能够做出非常超前的商品品类，但是不被消费者接受，也没有意义。新品类的价值要高于老品类，戳中老品类的痛点，才有存在的意义和价值。

（3）新品类具有不确定性

一个新品类之所以能够发展壮大，离不开自身的价值、品牌的推广以及品类之间的竞争，等等，所以，当一个新品类产生时，其发展的不确定因素太多了。

几年前，当"团购"这个词刚刚发出萌芽时，许多品牌削尖脑袋要挤进这个市场。刚兴起的市场，瞬间进入竞争白热化的阶段，我们看到的是市场的繁荣，但是背后却是品牌商赔本赚吆喝。试想一下，到今天，存活下来的团购品牌还剩下几家呢？

（4）品类具有时效性

有的品类可以经久不衰，历久弥新，但有的品类却如昙花一现，转瞬即逝。一个新品类的诞生一定伴随着一些新的技术，能覆盖老品类的一些功能。市场变化太快，今天的新品类也许就是明天的老品类，每一个品类或者品牌都不可能是常胜将军，我们要时刻保持危机感，进行自我革新。比如移动电话取代公用电话亭，智能手机取代非智能手机，数码相机取代传统的胶片机等，有的品类时效长，有的品类时效短。

（5）品类可分化、可进化

达尔文的"进化论"告诉我们，物竞天择，适者生存。这个道理放在商业中也是适用的，当消费者习惯了某一个品类的功能后，由于人天生的惰性，需求会越来越高，现有的功能就不能满足消费者的需求了，那就是品类需要进化的时候了。比方说交通工具由马车进化到汽车，电脑由台式进化到笔记本，再进化到平板，这既是品类的进化，也是品类的分化。

品类和品牌的关系

我们将品牌和品类区分开后，再来了解一下这两者之间的关系。

（1）品类品牌相互依存，相辅相成

前面也提到过，品牌和品类是相互依存、相辅相成的关系。这种感觉就像是唇亡齿寒，皮之不存，毛将焉附一样。这也从侧面说明，品类对于品牌的重要性，我们来看看那些已经消亡的品牌，不难发现这一规律。比如说柯达，随着数码相机这个新品类的兴起及普及，胶卷相机这个旧品类逐渐消失，胶卷产业也渐渐没落，最终依托胶卷这个品类的柯达品牌也跟随着品类的消亡而走向死亡。

品类的发展也能给品牌创造很多机会，处在一个前途无可限量的品类里，品牌当然能蹭一些热度，给自己带来一些流量。作为品类里面的某个品牌，也应该学会眼观六路，耳听八方，时刻关注品类的发展动态，为品牌的发展把握机会。

（2）品类品牌相互借力

品牌的人气起来了，品类才能向前发展。这句话在凉茶的品类里凸显无遗，随着王老吉品牌的大红大紫，凉茶这个品类才被消费者所熟知。

（3）大品类孕育大品牌

就拿白酒来说，中国可谓是一个酒文化十分厚重的国家，白酒的品类广度可想而知，比如茅台、五粮液、习酒、剑南春都是这个品类孕育出来的大品牌。由于白酒的品类非常大，所以说即使没有细致的分区，品牌也能发展得很好。

另外一个大品类就是汽车，随着人们生活水平的提高，对出行方式也有了更高的要求。因此，在这个大品类里，也孕育出了许多大品牌，比方说别克、凯迪拉克、福特、大众，甚至还有高端的玛莎拉蒂、布加迪威龙、法拉利，等等。在一定程度上，可以说大品类养活了大品牌。

（4）品类有风险

如果你现在的强基因并没有定位在品类上，就尽量不要涉足新品类。心有余而力不足，很容易让自己迅速滑落到谷底。身为企业的领导者，必须对整个品类负责，对未来的升级和分化都要了如指掌。

2. 品类战略，究竟解决企业什么问题

知道了什么是品类，以及品类和品牌的关系后，接下来，我们要讨论一个新的话题——品类战略。

什么是品类战略？在搞清楚这个问题之前，我们先来看看品类战略和细分战略的区别（图 3-2）。实际上，有很多企业在发展的过程中，很容易把细分战略和品类战略弄混淆。

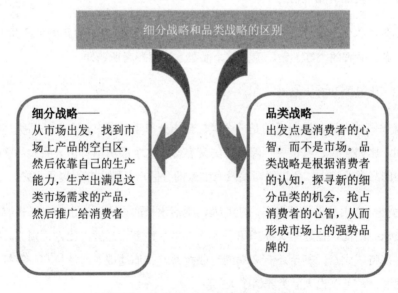

图 3-2　品类战略和细分战略的区别

品类战略是放长线钓大鱼，因此想要通过品类战略解决企业燃眉之急是不现实的，但品类战略能够帮助企业建立极富竞争力的品牌。具体来说，品类战略能帮助企业解决以下四个问题（图3-3）：

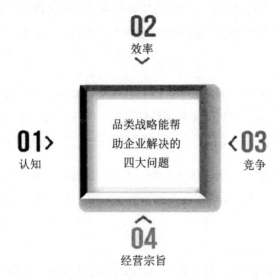

图 3-3　品类战略能帮助企业解决的四大问题

（1）认知

如今，市场竞争已经进入白热化阶段，今天你是新秀，说不定明天就被拍死在沙滩上。因此，给消费者留下深刻的印象，让消费者记住你，已经成为竞争的重点。脱离了消费者的认知，你就是零。

当你想要点外卖，打开 App，在映入眼帘的无数商家中，你能一眼看到，一下想起哪一家，这就是品牌梦寐以求的认知。这对品牌来说，是最大的竞争力。

管理大师德鲁克曾说："企业真正的经营成果，不是财报冰冷的数字，而是企业外的口碑。"这里的口碑就是指品牌，如果这个品牌没有任何品类，让消费者如何记住？对消费者来说，他们是用品类来选择，用品牌来表达的。

消费者通过品类认识一个品牌，要搞清楚你是谁，先得搞清楚你是什么品类。这也是假冒伪劣产品两年要改三次名字的原因所在。从阿五美食到黄河大鲤鱼，从本色本味到巴奴毛肚火锅，火锅是中国人离不开的情愫，有着与生俱来的市场优势，但是也是竞争最激烈的品类之一。据统计，2017 年全国倒闭了近13000 家火锅店，如何从这样一个红海市场中杀出一条血路？巴奴毛肚火锅先下手为强，采取品类聚焦战略，把品类聚焦在毛肚菌汤上，这也使其成为郑州火锅的第一品牌。

企业的认知越精准越好，越聚焦越好。因此，市场上才会出现年糕火锅、蒸汽火锅、农家大灶火锅等这样更加细致的品类。但是，从另一个角度来说，如何选择细分、如何聚焦，也是值得企业家细细研究的，而不能仅凭着一时冲动。

对此，我的建议是，聚焦优势品类，也就是能够淋漓尽致地表达出你的强基因的品类，这样才会有认知优势。不解决认知问题，企业就会举步维艰。

（2）效率

想在市场上拔得头筹，抢占先机，核心就是效率、效率、效率！重要的事情说三遍。

在你眼里，企业的效率只有工作效率吗？不，人效、时效、品效、能效，在企业的经营管理中都有着举足轻重的地位，哪一个环节都不能掉以轻心。

一个企业的外部认知不清晰，内部的管理效率就很难提升，所以说，解决外部认知问题，是提高效率的基础。

在我的朋友圈，我常常看到一家餐厅的老板到处学习，今天去法国，明天去东南亚，后天又到一个巷子里跟老师傅学私房菜，但是自己餐厅的经营状况就是没有任何改观。因为他不知道如何进行品类战略规划，整个餐厅上下也是一团糟，今天做考核，明天做培训，一点章法都没有，餐厅一天不如一天，最后只能倒闭。

一旦企业品类清晰，消费者有了明确的认知，老板找到了新的支点，企业的运营效率就会高很多。

企业要以品类战略为核心，才能研发出满足市场的产品，从而提升自己在消费者心目中的地位，促进企业的发展。

（3）竞争

竞争的最高境界不是战无不胜，而是不战而胜。如今的市场竞争，不仅仅是市场份额的争夺战，更是一场获得消费者认知的厮杀。

企业在市场竞争中，要把品类的强基因和优劣势放在着重思考的地位，因为对于企业来说，市场竞争表面上是品牌之间的竞争，实际上是品类之间的竞争。

为什么做火锅的餐厅很容易就盈利了？为什么号称外婆家第一品牌的 uncle 吴，连锁餐厅还不到 100 家？这些和企业的经营管理关系不大，却和企业的品类优势息息相关。

为什么巴奴只是改了个名字就让海底捞风声鹤唳，甚至还刺激海底捞向巴奴学习？为什么喜家德只是把品类聚焦在了虾仁水饺上，就让同行倍感压力？因为品类竞争就是杀手锏。

总而言之，企业之间的竞争，已经从品牌竞争过渡到品类竞争。谁把品类战略玩得溜，谁就是赢家。

（4）经营宗旨

企业要想让大家"人心齐，泰山移"，就必须用统一的经营宗旨去引导他们，让他们有共同的行为标准。假如大家的心都不在一个点上，又怎么能齐心协力共进退呢？

制定好品类战略，老板不再东一榔头西一棒子，不再想着模仿借鉴，而是苦心孤诣挖掘自己的强基因，进而将企业的核心竞争力定位到自己的强基因上，才能让企业走得又好又远。

比如阿五黄河大鲤鱼的经营宗旨就是做好一道"黄河大鲤鱼"，用心钻研一道菜，以点带面，推动整个豫菜的发展，从而使企业的发展上了一个台阶。

而巴奴毛肚火锅的经营宗旨从表面上看是聚焦毛肚菌汤，但其内核却是以品类战略为核心的经营宗旨。

以上四点便是品类战略能解决的企业核心问题，我们也可以说这是品类战略对企业的作用所在。

品类战略或许不能保证企业今天能赚钱，但是一定能保证企业以后能赚钱，而且会一直赚钱。当有一天，你找到适合自己的品类，并进行重新定义，大力推广，最终主导并占据这个品类，成为这个品类的代表者，或者说是这个品类的老大，一个强势的，还带着点垄断色彩的品牌就此横空出世。

3. 三段 11 步：品类战略的实施步骤

品类战略的理论是全球最顶尖的营销战略家特劳特提出的，近几年在国内传播得十分迅猛，受到了企业家们的广泛追捧。但是实践的多，成功的少，就连特劳特自己在中国也只不过成就了"王老吉"。那么，到底是特劳特的理论思想有问题，还是中国的企业有问题？

关于这一点，我认为，特劳特的品类战略是绝对没有问题的，这也是我推崇这一理论思维的原因所在。另外，我国的企业也并非有问题，而是绝大多数的企业还没有真正领悟到实施品类战略的精髓。

事实上，品类战略不是单独的某个经营战略，而是一个系统战略工程，它至少需要三五年的时间来沉淀，积累能量，才能实现。

那么，企业实施品类战略的步骤到底有哪些呢？

经过多年给诸多企业做投资和培训，我总结出以下企业实施品类战略的三个阶段、11 个步骤，我把它称为"三段 11 步"（图 3-4）。

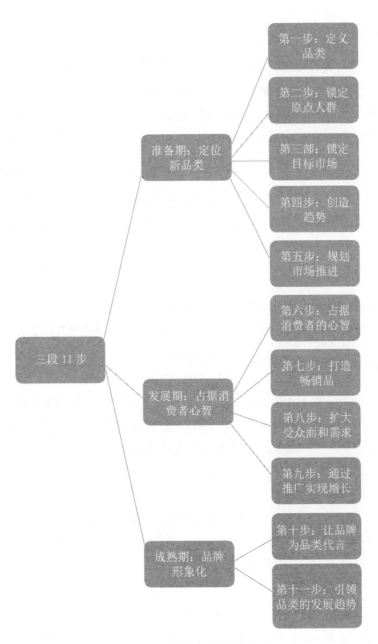

图 3-4　品类战略的实施步骤

准备期：定位新品类

所有新品类的面世都面临着一个重要的问题，那就是消费者到底知不知道我是谁。当消费者第一次看到这个新品类时，他们会犹疑：这是什么？能干什么？我需要吗？消费者的好奇心"保质期"很短，所以企业必须趁热打铁，尽快让消费者获得正确的认知，解答他们的疑问，特别要注意一些负面消息的传播。

消费者对品类的第一印象将决定品牌将来的命运，因为第一印象很难被改变。从这个原因来看，很多品牌之所以没有成功，也许从刚上市的那一秒钟就注定了。新品类在准备期时，一定要稳扎稳打，脚踏实地把每一步走好。在这个过程中，企业应该从消费者的需求出发，给品类一个明确的定义，找准目标市场和人群，并且在这个"根据地"里合理地规划战略进度。

在品类准备期，就应该站在终点来思考，假如你想把这个品类做大，就应该不断研究那些大品类的发展历程。企业在准备期的工作，主要有以下五个步骤：

第一步：定义品类

一定要给品类下一个清晰的定义，只有当消费者对品类有清晰的价值认知之后，才有可能在心里给品类腾空一个新的储物箱，并保存下来。之所以要定义，目的就是推动品类的快速成长，扩大自己的市场份额。

第二步：锁定原点人群

原点人群是对这个产品品类需求最高的人，他们可能对这个品类极度了解，或者是这个品类的"死忠粉"。相当于我们常说的某个圈子的"大大"，这类人在目标消费者中具有很大的影响力和号召力。

第三步：锁定目标市场

目标市场就是新品类最容易成长的市场，是接受力最强的地方。在目标市场中最具有代表性的地方就是理想的原点市场，在这里，消费基础有保障，辐射范围广。

第四步：创造趋势

打造品类和打造时尚是截然不同的两个方面，打造品类最忌讳一惊一乍、大起大落，打造品类的关键在于创造趋势。针对原点人群，让他们影响消费者，使消费者对品类有完整的认知，愿意深入了解。

第五步：规划市场推进

新品类的推广方式应该由高到低，首先在目标市场和原点人群中造成一定的影响力，再通过一系列的推广活动层层影响，逐渐扩大品类的接受范围，累积能量。

发展期：占据消费者心智

成功创立了新品类只是打开了一个新市场，企业要想进一步发展就要努力当新品类的主人，成为消费者心中品类的代表，与此同时，还要促进品类的发展，不断挖掘潜在市场。在这个阶段，新品类已经被消费者渐渐接受，接下来将会进入一个快速的发展期。

在这个阶段，企业要确保消费者依然对品类怀有好奇心，并且做出一些改变让品类的需求越来越大，促进品类的发展。同时，企业还要时刻关注自己的竞争对手，以防乘虚而入。发展期由以下四个步骤组成：

第六步：占据消费者的心智

企业要避免让自己辛苦开发出来的品类变成炮灰。在这个阶段，企业要使出浑身解数让大家知道这个品类是企业自己开创的，占据消费者的心智。

第七步：打造畅销品

随着品类发展得越来越好，会逐渐形成规模效应，此时应该融合一些比较有热度的元素，打造畅销产品的形象。要制造口碑和潮流，引发新一轮的跟风。

第八步：扩大受众面和需求

一旦稳定了品类在消费者心目中的地位，接下来的重点就应该放在扩大受众面上，让品类的需求更广，迅速走出原点期。

第九步：通过推广实现增长

为了让品类稳定发展，而不是成为一条抛物线，企业应该加大投入，启动大规模的宣传轰炸，通过大规模的推广实现增长。

成熟期：品牌形象化

假如某个品牌能够坚守自己在这个品类中的霸主地位，让自己长盛不衰，那么，接下类品类的兴衰就由品牌来决定了。品牌化的标志就是，企业继续推动品类的发展，然后把自己的品牌打造成这个品类的代表。

在这个阶段，除了要不断进化品类，更重要的是要让品牌形象化，更深入人心，增加品牌的情感需求，让消费者的黏性更高。这一点，对于进一步推动品类发展，扩大受众面，获得利润回报是非常重要的。成熟期包括以下两个步骤：

第十步：让品牌为品类代言

随着品类的发展，企业和品牌也在渐渐壮大。在这个过程中，企业要把注意力放在自身品牌上，让品牌为品类代言，让消费者一想到这个品类就联想到自己的品牌，这样，品类和品牌才能携手走得更长远。

第十一步：引领品类的发展趋势

品牌作为这个品类的领军者，想要维持自己的地位，就要借助自己的影响力，不断对产品进行升级改造，提升自己的竞争力，提高竞争标准，要有"我就是这个行业的标杆"的霸气。

总而言之，实施品类战略的过程，就如同种一棵树，要先找好一片肥沃的空地，埋下种子，等待它生根发芽。当大树还是一根幼苗的时候，千万不要揠苗助长，做品类延伸，而是要等到树干和树枝变得粗壮后，才能扩展枝叶，做延伸，让小树成为一棵参天大树。

4．10 年 120 亿，六个核桃是如何实施品类战略的

长期以来，困扰养元集团老总范召林的一个问题就是，为什么北方的植物蛋白饮料始终打不进长江以南的市场？难道这就是自己的宿命吗？

那时养元集团共有十多个产品，有大名鼎鼎的六个核桃，还有一些小类产品，年销量始终在三亿左右徘徊。经历了创业初期的腥风血雨，在市场上站稳脚跟后，养元集团正在寻找一条可持续发展的道路。而销量顶尖、消费者口碑较好的六个核桃成为他们的首选。

但是，当时的饮料市场有这样一个魔咒：南方椰树跨不过黄河，北方露露游不过长江。中国两大饮品品牌进入了一个瓶颈期，始终跨不过十亿级这个坎。并且放眼整个饮料大市场，这两家企业也显得格格不入，还有些非主流。

露露和椰树作为植物蛋白饮料的两大领导品牌，处境都如此尴尬，同样处于这个品类的六个核桃，能逃过一劫吗？六个核桃的能量到底有多大？它真的能打破十亿的魔咒吗？

就在大家等着看好戏的时候，2016 年，六个核桃交出了一份让大家惊掉下巴的成绩单：市场销量突破 120 亿！六个核桃就这样在人们的注视中，悄悄改变了植物蛋白饮料这个品类的品牌排位，一跃成为主流"大咖"。

六个核桃不仅跨过了长江黄河的分界线，还打破了十亿瓶颈的限制。它用十年的时间书写了一个品牌逆袭的神话。

六个核桃的成功，让市场为之震惊的同时，也让大家好奇它的背后到底有什么武林秘籍，这么快就打通了任督二脉。这本武林秘籍就是十年前六个核桃采取

的品类战略。六个核桃十年的发展史，也是企业品类战略的实践史。

俗话说，十年磨一剑，六个核桃的品类战略之所以能爆发出如此大的能量，离不开长期的经验积累和沉淀。通过对六个核桃品类战略的研究，我总结了企业实施品类战略的一些基本法则和核心要素。我们不妨带着一颗不耻下问的心，来看看六个核桃是如何让一个新品类慢慢沉淀，最后释放出巨大威力的（图3-5）。

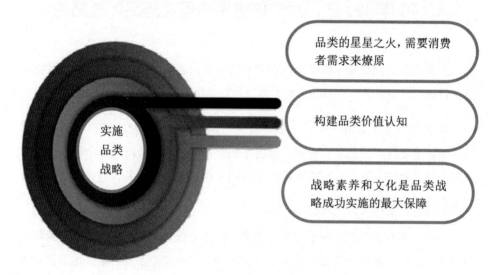

图 3-5　实施品类战略的三大要素

品类的星星之火，需要消费者需求来燎原

所有不以消费需求为出发点的商品，都是市场的"流氓"。有数据表明，每年新品的失败率高达90%，这是为什么？因为商家太任性，根本不考虑消费者的需求。

一条毛巾采用百分百竹炭制成，这能满足什么需求？跟消费者有关系吗？

雪山冰川采集的水，有什么功效？消费者为什么非喝不可？

消费者在购物时，常常是需要什么就买什么，此时消费者思考的是产品的品类。因此，对消费者需求有敏锐的观察力，是品类战略的重中之重。这也是六个核桃在实施品类战略过程中首要解决的问题。

十年前，植物蛋白饮料被当作是当地的风味饮料，具有地方特色。既然是地方特色，消费者可以选择喝也可以选择不喝。对于消费者来说，并没有强烈的需求愿望。这也是植物蛋白饮料地位尴尬的主要原因。同时，地域性的特征也阻碍了植物蛋白饮料的主流发展之路。

假如六个核桃还是在风味饮料的小圈子里自娱自乐，那么跨不过长江，破不了十亿的魔咒将在六个核桃身上再次上演，植物蛋白饮料品类又多了个尴尬的存在。想要战胜这一困难，首先必须开拓一个全新的市场，让六个核桃跳出以前的圈子，才有新的机会。为此，六个核桃对自己的价值塑造进行了更加深刻的思考。

从自身原料属性和社会特性两个方面出发，六个核桃发现了一个消费者痛点。人们都希望自己是个聪明人，脑子灵光，特别是现在，学业压力和职场竞争都这么激烈的情况下，谁都不甘落后。在这样的社会背景下，人们急需一种产品能够提高自己的脑力，变得聪明。

另一方面，核桃确实被证实有益于大脑，并且，在中国人传统的思维里，也认为多吃核桃能变聪明。但是核桃的外壳太硬，吃起来不方便，加上核桃的外皮还有些涩涩的味道，很多人吃不惯。这就造成了虽然核桃好但是懒得吃的现状。六个核桃改变了核桃的使用方式，把"吃"变为"喝"，以甘甜美味的饮料形式，让消费者接受，轻松地获取核桃的营养。

说到这里，你大概已经对六个核桃的品类战略有了一定的认识吧。我们一起来总结一下：六个核桃用既美味又营养的核桃露来满足消费者补脑的需求，把自己塑造成为一个有益大脑健康的营养饮料的形象，成功甩掉了风味饮料的帽子，这就是它的品类战略。

品类的星星之火，需要消费者需求来燎原。消费者的需求越强烈，这把火就烧得越旺。在当下激烈的社会竞争环境下，不管男女老少，不管南方人北方人都需要补脑，有益大脑健康的品类价值突破了地域和人群的限制，让市场的边界不断扩大。

数据证明六个核桃的这种战略是正确的，图 3-6 是六个核桃从 2009 年实施品类战略开始至 2017 年的销售量。

图 3-6 六个核桃 2009~2017 年销售量

通过图 3-6 的数据我们可以看到，自从实施品类战略后，六个核桃的销量一直在成倍数增长，这是十年前被打上风味饮料的植物蛋白饮料根本不敢想象的成绩。六个核桃十年品类战略的实践成果，也正是需求缔造的市场传奇。

因此，企业在施行品类战略时，一定要把消费者的需求放在首位。六个核桃的成功就是最好的证明。

构建品类价值认知

人类的价值认知对我们的行为有着深刻的影响，特别是在做选择时。在商业时代，当消费者面对多种购买选项时，促使他做出决定的，就是脑海深处的价值认知。

对于不同人的需求，一瓶水的认知价值也出现了差别。对于那些社会基层的普通人来说，需要便宜实惠；对于中产阶级来说，需要安全；对于那些高端人士来说，需要的则是格调。这就是价值认知对消费的影响。不断加强消费者对产品品类的价值认知，就是在强化他们的需求。

我想大家已经对脑白金"今年过节不收礼，收礼就收脑白金"的广告再熟悉不过了，当我们吐槽这个广告如何如何无聊的时候，一到过年过节给长辈送礼的时候，我们还是不知不觉就选择了它，这就是价值认知的刺激使然。

所以说，品类战略的实施，察觉到消费者的需求只是迈向成功的第一步，接下来的万里长征，还需要企业不断宣传品类的价值，为品类战略的实施添砖加瓦，以保证消费者的认知不会产生偏差，进而让消费的需求维持得更长久。

既然如此，企业应该如何构建品类价值认知呢？六个核桃的经验又有什么值得我们学习的呢？我们接着往下看。

六个核桃的成功不是依靠天花乱坠的大规模广告，而是数十年如一日稳扎稳打，围绕有益大脑的品类战略，扎实地做好了消费者的价值认知，在每个战略节点做对了战术动作的厚积薄发。

（1）提升品牌价值，提防潜在危机，保证品类健康可持续发展

在施行品类战略的过程中，随着品类市场的不断壮大，销量越来越好，品类中的代表品牌几乎成了品类的代名词。不仅要面临消费者越来越挑剔的需求，还要应对竞争对手时不时放出来的冷箭。为了保证江山稳固，在这个阶段的品类战略中，首要任务应该是保证品类安全，确保品类可持续发展。

在六个核桃十年的品类战略中，其不断地提升品牌价值，一方面加强消费者对自己的信心，为品类以后的发展打好坚实的基础；另一方面积极采取措施，防止树大招风带来的负面效应。

（2）注入品类价值符号，帮助消费者建立正确而清晰的品类价值认知

人类通过感官来建立认知，形成对品类的基本概念。因此，为了巩固消费者的价值认知，六个核桃围绕着感官体验，让消费者对自己的产品有了更加清晰的价值认知。在品类发展的各个阶段，六个核桃不断为产品灌输各种价值符号，加深消费者感官体验。

比如，导入广告词"经常用脑，多喝六个核桃"。通过经常用脑这个场景，让目标消费者感同身受，觉得自己的情况和广告里说的一样，唤醒他们的消费需求。与此同时，又把需求和六个核桃紧紧地连接起来，通过反复宣传，达到认知效果。再比如，导入具有影响力的代言人，六个核桃邀请了著名主持人鲁豫作为形象代言人，用知性、智慧的形象颠覆了以往选择外形靓丽的代言人的传统，另外，鲁豫独特的大头形象强化了消费者的认知。

战略素养和文化是品类战略成功实施的最大保障

所有战略的实施都离不开人，六个核桃的品类战略之所以成功，不仅是因为其对品类的价值定位很精准，更是因为战略战术运用得非常得当。主要体现在以下两个方面：

（1）决策者有着雷厉风行的强基因

养元集团范召林总裁在决定实施品类战略时，对市场有敏锐的观察力和精准的判断力，以及大无畏的勇气，这些强基因在他身上表现得淋漓尽致。2009年，范召林在品类战略会议上，当场就拍板决定了战略方针。不到一个月，"经常用脑，多喝六个核桃"的广告就登上了各大电视台。

养元集团在落实决策时，雷厉风行，一秒都不耽搁，就是为了保证品类战略的高效实施。六个核桃的成功和决策者的强基因息息相关。

（2）养元公司是一家有着营销强基因的企业

养元公司为品类战略的实施培育了一支有着营销强基因的营销大军，保证六个核桃能够深入人心。

企业实行品类战略就像是万里长征，大部分失败的原因不是战略的问题，而是执行的问题，六个核桃的十年经验再一次印证了这个道理。因此，企业有了品类战略的构想还远远不够，还需要进一步对战略进行研究理解，当真正理解透了品类战略的含义，才能开始实施。

5. 企业实施品类战略的四大误区

俗话说，当局者迷，旁观者清。企业在实施品类战略时，往往因为身在其中，有些情形看不清，而误入歧途。总的来说，企业容易进入的误区有以下四点，我们一起来看一下（图 3-7）。

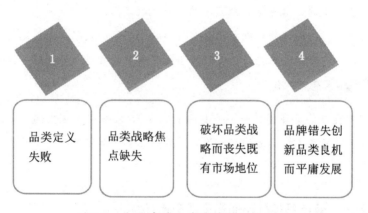

1	2	3	4
品类定义失败	品类战略焦点缺失	破坏品类战略而丧失既有市场地位	品牌错失创新品类良机而平庸发展

图 3-7　企业实施品类战略的四大误区

误区一：品类定义失败

品牌由两部分构成——品牌名和品类名。品牌名一定要有特点，让人过目不忘；品类名一定要符合常识和逻辑，切忌不伦不类。但是大部分企业都搞反了，品类名五花八门，让人摸不着头脑。

念慈庵润饮料："润饮料"是什么？润喉下火，还是润肠通便？功能模棱两可，消费者怎么会选择这样的产品呢？

茶研工坊：这是可口可乐公司推出的一款饮料，广告上说，是茶又不是茶，是一款草本饮料。那到底是什么？没人说得清。

农夫C打：推广说是不含酒精的酒，到底是水还是酒？

瑞鹰运动轿车：品类叫作运动轿车，但听起来就如同是运动西服，一个泥泞的中间地带。

误区二：品类战略焦点缺失

能做到创新或者聚焦，只能说明选对了方向，品牌想要扩大自己的市场份额，还要通过选择恰当的竞争对手扩大自己的品类空间。

超能天然皂粉：这是纳爱斯旗下的一款洗衣产品，当时铺天盖地的广告使得产品家喻户晓，但是这种硬性推广显然没有收获实际的效果。天然皂粉的竞争对象是谁？是肥皂还是洗衣粉？选择好恰当的竞争对手之后，还要想方设法取代对手在消费者心目中的地位。

鲁花花生油：鲁花的广告一直标榜自己是5S压榨一级花生油，但是这样的宣传并没有带来多大的实体利润，作为花生油品类的领军品牌，鲁花应该以金龙鱼为对手，为自己夺取更大的市场份额。

误区三：破坏品类战略而丧失既有市场地位

一家企业成功的原因，大部分是因为聚焦于某一个品类，把所有的注意力都放在这个品类上，资源集中，从而获得成功。但是人的欲望是无限的，这山看着那山高，当成功聚焦后，扩张的欲望又开始指引企业破坏品类战略，稀释顾客黏性和品牌，最终失去市场。

在这方面有几家典型的案例，可以为我们带来前车之鉴。

贵州醇：起初创立了低度白酒的概念，一下成为低度白酒的领军者。后来又推出高度陈酿，市场反响并不好，最终趋于平庸。

脉动：国内第一个维生素电解质饮料，一度成为乐百氏的明星产品，然而乐百氏并没有乘胜追击，而是推出了脉动茶，成为其发展史上的一大败笔。

九牧王：品牌起步时，只做西裤，说它是西裤专家一点也不为过，后来九牧王推出男装系列，一下跌落神坛。

金利来：最开始专注做领带，消费者提到领带就想到金利来，后来又开拓了衬衫、皮带、西装等男装产品，最终趋于平庸。

误区四：品牌错失创新品类良机而平庸发展

企业发现了一个新市场，或者有一个新产品的点子，甚至是研发了新产品，假如企业没有掌握正确的细分品类的方法，还是没办法取得成功。

我们来看看下面这些案例的前车之鉴。

佳洁士茶爽牙膏：本来佳洁士有机会借这个产品建立一个富有竞争力的茶香牙膏品类，也许还能实现垄断，但是它的品牌延伸策略模糊了这个产品的特点，佳洁士一直以来的推广点是防蛀。

柒牌：中国的服装品牌想要走向国际只能依靠一些欧美的服装风格吗？并不是，其实，柒牌男装有一个很好的推广中式正装的机会，但是漫无目的的宣传使其把一手好牌打得稀烂。

维维豆奶：维维豆奶原本可以创造一个豆奶帝国，但是维维豆奶显然没有正确认识到自己的强基因，涉足牛奶领域，最终走向平庸。

青岛原生：本来青岛原生很有可能发展成为一个高端啤酒品牌，但是由于公司本身的延伸策略失误，加上宣传不给力，最终与机会失之交臂。

LG 竹盐：其实，关于"竹盐"，我们很难说它到底是品牌还是品类。这个名字听起来倒是挺吸引人的，竹盐牙膏市场也是一个不错的发展方向，遗憾的是竹盐还背负着一个格格不入的电器品牌——LG。

上面提到的品类战略的四大误区是我在长期实践中不断总结的经验和教训，希望读者能够跳出误区，更好地实施自己企业的品类战略。

第四章
聚焦：聚焦品类，企业才会实现弯道超车

导　读

俗话说，众人划桨开大船，说明劲儿往一处使的重要性，也就是聚焦的重要性。在特劳特的品类战略里，也强调了聚焦的重要性。

如今的市场，最缺乏的就是注意力，不少商家只看到利益，什么商品卖得好就做什么，没有特色，没有吸引人的点。正确的做法应该是把注意力放在一个消费点上，把所有的精力和资源都聚焦于此，让自己的品牌成为所在品类的佼佼者，进而成为品类的代名词，在消费者的心里扎根。

抓不住消费者心的品牌，注定也赚不到消费者的钱，最后必将面临被淘汰的命运。而抢占消费者心智的方法，就是找到自己的强基因，集中火力于一个目标，专注于细分市场，也就是要找到一块儿足以守得住的阵地。一言以蔽之，就是聚焦。

聚焦品类不仅仅是针对那些已经有一定受众群的品牌，对于刚刚进入饱和品类的新兴品牌来说，聚焦品类也意味着先以小标签为切入点，站稳脚跟，然后再逐步扩大自己的经营范围，才能在这个市场中

生存，让消费者记住自己。

品类聚焦是一个舍弃的过程。

在传统思维里，很多企业往往认为想做第一就是要超过第一：第一名的空调省电，我就要比它更省电；第一名的沐浴露润肤，我就要比它更润肤；第一名的电脑运行快，我就要比它更快……

这种方式只是在钻牛角尖，更像是以卵击石。到最后，也许并没有达成目标，反而还拖垮了自己。正确的做法应该是，舍弃掉很多消费者心智中已被占领的品类。

就拿洗发水来说，起初，海飞丝几乎实现了这个品类的垄断，之后又出现了潘婷、飘柔、施华蔻等，零零散散的小品牌就更多了，基本上出现在洗发店里的都是那些连名字都叫不出来的小品牌。

最开始，基本上所有的洗发水品牌都围绕着去屑润发做文章。接着有商家发现，有一部分消费者相比于头屑的困扰，他们更担心脱发。于是他们就推出了一款专门针对脱发消费者的产品——霸王防脱发洗发水，霸王满足了这部分消费者的差异化需求，开拓了一片属于自己的天地。

就像霸王已经成为"防脱发"的霸主一样，当你去吃饭时说要橙汁，服务员自然而然就拿来了果粒橙；当你说想买豆浆机，首先想到的一定是九阳。它们已经成为这个品类的代名词，已经占稳了脚跟。

既然品类聚焦这么重要，那么企业该如何做呢？

第一，要聚焦还是要多品类发展——产品特点；第二，聚焦产品，重点关注高毛利——利润优选；第三，欲做强势，必做趋势——趋势分析；第四，品类空间决定企业销量——品类空间确定；第五，瞄准周期，把握趋势——成长周期判断。

企业可以把这五大要素做成一个表格，通过相关的要点来判断产品状况，再根据最后的结果决定这个产品是否值得聚焦。

上述五个要素缺一不可，但是对于企业来说，规模不一样，经营范围不一样，要素的重要性也就不一样。企业的首要目标就是赚钱，利润最重要，然后是产品特点，接着是产品的发展趋势，所以根据上述分析排位，这五个要素，排在首位的就是利润空间。

比如，2012年"统一"做聚焦品类时，根据上述五大要素进行了产品含金量的判断（表4-1）。

表4-1 "统一"产品含金量表

判断项目	老坛酸菜	好劲道	卤香牛肉	小浣熊
利润率高	√	×	√	×
产品有特点	√	√	√	√
趋势好	√	×	√	√
品类空间大	√	×	√	√
成长周期	√	×	×	√

首先，选出五项都打"√"的产品，毫无疑问，"老坛酸菜"将作为聚焦产品，着重打造。

接着，如果现在没有"老坛酸菜"这个产品，那么剩下三种产品里面"√"最多的是"卤香牛肉"和"小浣熊"，根据刚刚利润优先的原则，"卤香牛肉"应该作为聚焦产品。

根据这样的方法，我们就能很清晰地了解自己的品类结构，选出最适合聚焦的品类。

1. 品牌想做大，要聚焦还是多品类发展

如果我们随便到一个大卖场去问店员：众多的产品中哪个卖得最好？一般也就是那几种。比如大型生活超市里的饮料可能有几十个品种，但真正卖得好的也就是两三种。

在企业参与市场竞争的过程中，产品就是"武器"，但不是越多就越厉害、战斗力就越强，也不是企业现阶段所有的产品都是"有效武器"，投放到市场上都能给企业带来销量和利润，带来品牌影响力，推动企业发展。

武侠小说中夸耀一个人会说他"武功高强""十八般武艺样样精通"。真有这样的高手吗？闭上眼睛回顾历史，你会发现，真正厉害的武将都有自己的招牌兵器——关羽用大刀、张飞用丈八蛇矛、赵云用枪、秦琼用锏、尉迟恭用鞭……如果关羽上阵打仗一分钟换一件武器，他就不可能流芳百世。

不是所有产品对企业发展都具备推动力。有些产品可能一上市就销得多亏得多；有些产品可能一出现就是"瘦狗"；有些产品形同鸡肋，"食之无味，弃之可惜"；有些产品具备明星产品的潜质，却人为地被否定、被埋没、被划归为"瘦狗"，或者作为"问题"产品被打入冷宫。

那么，如何才能走出这一困境呢？

答案就是，减少品类。

说到这里，你或许会提出质疑：品类少了，就意味着产品少了，怎么可能增加利润呢？

如果你这样想，那就大错特错了。事实恰恰相反，品类减少了，企业反而更容易取胜。因为专注于某一个项目、某一个品类、某一个产品的突破，资源可以高度集中，同时还能减少人员冗杂、过程烦琐带来的不必要的支出。所以，减少品类，聚焦一个品类，是塑造强基因，把企业做大做强最简单实用的方法。

企业不聚焦品类导致的问题

然而，令我感到遗憾的是，在现实中，越是简单的道理越是容易被忽视，很多企业都忽视了这一点。

几年前，南街村"亿元村"的名号响彻大江南北，是全国十大名村之一。南街村方便面、南德调味料是享誉全国的名牌。但是，当南街村的规模越来越大，随着集团规模一起"成长"的还有产品种类。自此，南街村开始涉足粮食加工、零食、调料、烟酒，甚至工艺品领域。规模最大时，南街村旗下拥有28家公司，产品种类高达15个大类、200多个品种。

毋庸置疑，南街村企业的想法是好的，其希望通过品类的增加，创造更多的利润。然而，事与愿违的是，虽然品类增加了，但企业的利润并没有增加。

为什么会出现这种情况呢？归根结底还是南街村企业不懂得聚焦。对于南街村企业来说，自己手里的资源是有限的，盲目增加品类导致资源分散，顾得了这头，顾不了那头，最后落得"一样都不好"的结局。品类的增加、资源的分散，耽误了当时已经成为知名品牌的南街村方便面和南德调味料这两大品类的发展，让它们与一线品牌失之交臂。

这也是很多企业会觉得路越走越艰难的原因所在。因为很多企业的品类定位、市场定位、营销定位都太分散，没有聚焦。这样就会导致企业出现以下三大问题（图4-1）：

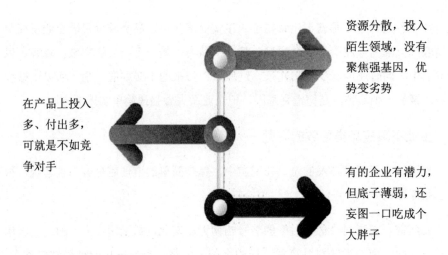

资源分散，投入陌生领域，没有聚焦强基因，优势变劣势

在产品上投入多、付出多，可就是不如竞争对手

有的企业有潜力，但底子薄弱，还妄图一口吃成个大胖子

图 4-1　企业不聚焦品类导致的三大问题

所以，一个企业销量大不大、盈利多不多和品类数量并没有什么关系。并不是说企业的品类越多，利润就越高，老板坐等收钱就行了。恰恰相反，那些做大做强的企业，在发展到一定阶段时，会自断其尾，砍掉一些鸡肋品类，聚集强基因，把优势资源全部集中在优势单品上，重点培养明星产品。这一点，当初统一集团起死回生的经历就是最好的证明，我们不妨来学习一下统一集团的宝贵经验。

统一集团的聚焦品类战略

统一集团选择的自救战略是——品类做减法，聚焦强基因产品。当时，统一的 SKU（产品库存量单位）有 338 个，其毅然决然地砍掉了大部分，把主力集中在"老坛酸菜牛肉面"上。

这件事情说起来容易，做起来难。很多企业都会遇到这样的问题，总觉得即将砍掉的产品都非常优秀，可惜了。手心手背都是肉，哪一头都不想放。统一也是如此，虽然非常看好"老坛酸菜牛肉面"，但真的要聚焦，砍掉其他品类时，问题就来了。压力集中体现在以下四个方面（图 4-2）：

图 4-2　统一集团减少品类时所面临的压力

第一，来自于经销商的压力。原来有很多品类，经销商很容易合发一车货，产品种类减少后，货车装不满，但是运费还是要照样出，谁愿意？因此，经销商会放弃统一的代理权，转投向竞争对手的怀抱，这必然会导致通路荒芜。

第二，来自于生产部门的压力。品类减少后，就没有必要开那么多条生产线，对劳动力的需求量就没有那么大了，势必会有大部分工人面临下岗的危机。一方面，工人们怨气沸腾；另一方面，这么多工人的遣散费也是一笔开销。

第三，来自于业绩部门的压力。这是最现实，也是最严重的问题。由于砍掉了大部分品类，业务员们卖什么呢？相当于把业务员们的业绩也砍掉了，奖金少了，收入降低，谁还愿意干下去？纷纷辞职找下家。

第四，来自于事业本部的压力。对于事业本部来说，每一个产品都像是自己的孩子一样，谁会对自己的孩子宣判死刑？事业本部也不愿意这些产品被砍掉。

虽然前方阻碍重重，但是当时的状况逼着统一集团不得不砍掉其他品类。虽然当时统一方便面有 338 个品类，但其中卖得最好的年销售额也才 1.5 亿，全部销量加起来还不如别人一个单品的销售量多。在全国市场上，统一集团的全国总销量还不如康师傅两个省的多。

统一要想起死回生，只有壮士断腕这一条路了。撤销其他品类，聚焦在一种品类上，把战线收短，才能让企业恢复往日的活力。假如不砍掉多余的品类，统一迟早会被拖死。

针对这种情况，统一管理层顶着多方的压力，下定决心要给品类做减法，为此采取了以下三步走的战略（见图 4-3）。

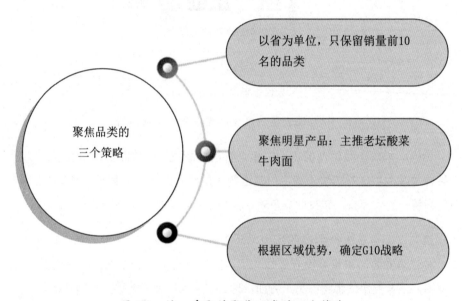

以省为单位，只保留销量前10名的品类

聚焦品类的三个策略

聚焦明星产品：主推老坛酸菜牛肉面

根据区域优势，确定G10战略

图 4-3 统一采取的聚焦品类的三个策略

第一步：以省为单位，只保留销量前 10 名的品类。

第二步：聚焦明星产品，主推老坛酸菜牛肉面。

第三步：根据区域优势，确定 G10 战略。G10 指的是十大核心省公司，在安徽、苏南、苏北、浙江、闽北、粤东、粤西、湖南、湖北、四川打造"根据地"。

统一集团通过这三步走，终于把自己从悬崖边上拉了回来。2010 年，统一方便面的销售额达到 35.6 亿元；2011 年更是突破了 50 亿大关；2016 年年底，统一方便面的销售额已经达到 96 亿元。明星产品"老坛酸菜牛肉面"销售额超过 80 亿元，成为中国销售量排行第二的方便面产品。

聚焦品类的真正含义

企业就是一个生态圈，从采购到经销商是一个完整的循环链。企业经营的品类越多，管理的成本就越高，控制的难度就越大，产品品质就很难得到保证，产品营销就失去了重点。这就像在战场上打仗一样，军队资源有限，战线越长，消耗就越快，胜利的希望就越渺茫。

众所周知，中国的高速公路最低限速 60 千米 / 小时，这就把时速非常慢的拖拉机排除在外，而且规定重型卡车不能占用超车道。如果拖拉机可以上高速，如果重型卡车可以占用超车道，所有的车速都得慢下来，高速公路还能叫高速公路吗？企业经营也是一样，如果企业的盈利被那些鸡肋品类拖了后腿，那就必然会减慢企业的发展速度，所以就必须把那些品类淘汰掉，聚焦明星产品，才能让明星产品的高速公路更通畅，企业发展才能更迅速。

因此，企业必须走"聚焦品类"之路。所谓"聚焦"，有以下三个方面的含义（图 4-4）：

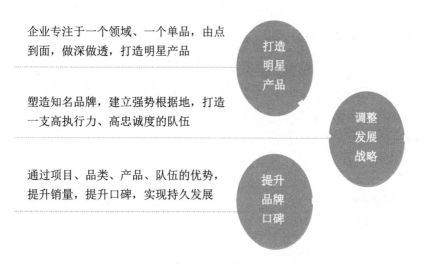

图 4-4 "聚焦品类"的三个含义

假如你还是一头雾水，别急，接着往下看。其实，总结起来，做好以下两个动作就行了。

第一个动作：做减法。

简单来说，做减法就是舍弃那些"鸡肋"品类，退出那些不适合自己的市场，减少不必要的成本投入，把分散的资源集中在核心产品上，以免造成资源浪费。

有的企业老板觉得，我的产品非常好，在市场上人气很高，我要让我的产品垄断整个行业。作为企业老板，有这种雄心壮志是好的，但是一个企业要想稳定发展，还是要从实际出发，从市场出发，从资源出发。

市场是什么？就是有人的地方，有人在就会产生消费。在中国，有些省份人口数量比较大，一个省的人口数就抵欧洲好几个国家的人口数。娃哈哈在河南一个省的销售额就达到40亿元，很多中小企业的销售额连娃哈哈的一根头发丝都达不到。假如一个企业的劳动力有限，资源也有限，那不妨先采取"小米加步枪"的战略，稳步走，才有制胜的机会。

第二个动作：集中资源攻关。

集中资源攻关，就是让企业把力量集中在一个项目或者一个单品上，或者专攻一个市场。就像太阳虽然有亿万光能，但很少有人被太阳晒死。而激光的光能还不如一个电灯泡，但是看几秒就能让人双目失明。

纵观那些做大做强的企业，无不在发展过程中对品类做减法，聚焦于一个领域，聚焦于一个品类，聚焦于一个品牌，甚至聚焦于一个单品（也就是战略大单品）。

比如，曾经什么都做的万科，在给企业做减法之后，将产品聚焦于房地产行业，将市场重心放在珠三角、长三角和京津地区，这才造就了现在的万科，成为行业佼佼者。再比如，香飘飘也是对品类做了减法，将产品聚焦于奶茶上，才有了"可以绕地球一圈"的销售量。

综上所述，企业要想做大做强，就必须对品类做减法，聚焦于某一个领域、某一个产品、某一个品牌、某一个市场。

一个企业是否能够走上可持续发展的道路，与企业有多少钱、多少产品、多大市场没有直接关系，重点在于这个企业能不能聚焦在自己的强基因上。这就像种西瓜一样，西瓜开花的时候，一根藤上能开很多花，有经验的瓜农会掐掉其他的花，只留下一朵。这样，所有的营养都集中在这一朵花上，最后结出的西瓜才会又大又甜。

这就是聚焦品类的力量，你学会了吗？

2. 聚焦产品，重点关注高毛利

企业在聚焦品类时，一定要注意对产品毛利的管理。不管主营业务在哪方面，明星产品是什么，对于基本毛利点一定要做到心中有数。高毛利产品，卖得越多赚得越多。换句话说，企业在做品类聚焦时，一定要把注意力放在那些毛利高的产品上。

就拿饮料这个品类来说，在饮料行业中，对于大多数企业来讲，日常成本，包括厂房、人工、设备、原材料、运输、纳税等加起来，就已经超过定价的 20% 了，再加上后期的宣传推广投入，总成本很高。也就是说，如果产品一经上市，毛利达不到 30%，基本就是亏本产品了。这个数字还是把滞销、不可控成本排除在外得到的结果。因此，在饮料这个品类中，企业在选择聚焦产品时，毛利至少要在 35% 以上才能实现盈利。

聚焦品类的误区

很多产品在市场上的销售成绩红红火火，甚至供不应求，但是到年底一结算，竟然亏本了。这是为何呢？其原因就在于企业在聚焦品类时陷入了误区。一般来说，企业在做品类聚焦的时候经常会陷入以下三个误区：

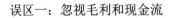

误区一：忽视毛利和现金流

经营企业就像滚雪球，赚钱之后，雪球才会越来越大，企业才能做大做强。假如一直把注意力放在那些不赚钱的商品上，雪球就会越来越小，企业不赚钱谈何现金流？在特殊情况下，企业为了保证现金流和开机率，可以接受亏本策略，但是若要长期亏本赚吆喝，只是在加速企业的灭亡。

误区二：对成熟期的产品投入大量的资源

什么是成熟期的产品？就是那些市场占有率很高，但是已经没有利润可挖掘的产品。当某种产品的市场占有率达到一定程度，投入越高反而回报越低。

这类产品具有高投入低回报的特点，和企业赚钱的目标背道而驰。人工投入、纳税额度、固定资产投入等都是一定的，于是企业能否赚钱，关键就在毛利上。

假如你对产品的毛利一点把握都没有，就不要轻易尝试投资；在做品类聚焦时，选择的产品应该有一个基本毛利线，也就是说基本毛利过线才能投入推广。

误区三：营销以满足需求为导向，不是以引导需求为导向

很多企业在进行产品推销的时候实在是太"温和"了，以销售人员的喜好来确定，而销售人员根据消费者的需求来决定自己要推销什么。然而，消费者的需求往往是价格再低一点、质量再好一点、东西再好看一点、活动力度再大一点，这些都是无底洞。

最后，企业做的都是赔钱的买卖。

消费者贪婪的欲望，企业是无法满足的，他们希望买到物美价廉的产品，但是符合企业需求的产品是"物有所值"，并不是"物超所值"，所谓物超所值的产品，恐怕只是个美好的梦。

企业在进行营销时，应该先想明白一个问题，是想一时赚钱，还是想永远赚钱？我想答案不言而喻。诺基亚在过去顺应了消费者现实的需求，生产出了质

量好、价格实惠的手机，赢得了过去，却输掉了未来；而苹果一直在做消费者引导，把消费者的需求往智能手机之路上带，赢得了现在，又赢得了未来。企业要走的就是苹果选择的这条路，引导消费者购买物有所值的产品。

综上所述，企业在做品类聚焦时，一定要重点关注高毛利的产品。

毛利高低和产品作用的关系

高毛利的产品可以说是一个巨大的宝藏，有很大的挖掘价值。就拿食品和饮料这两个品类来说，通过调查，我得出下面这些结论：

毛利在20%～30%之间的商品，基本上就是我们常说的"薄利多销"的产品，这类产品的主要作用就是分摊成本，带动市场，在消费者中刷一拨品牌存在感。当然，这类产品也是品牌产品，利润非常透明，企业基本上不指望从这类产品上赚大钱，但是销量大了，也能为企业创造可观的营收，比方说康师傅矿物质水。

毛利在30%～35%之间的商品，一般都是企业目前主推的产品。这类产品的特点就是既赚钱又能走量，鱼和熊掌都能兼得。企业完全可以通过这类产品放长线，赚大钱。比方说康师傅红烧牛肉面、养元六个核桃、红牛等。

毛利在35%以上的商品，即可视为企业利润来源的产品了，也是企业未来的"掌中宝"。比方说养元的至尊至圣、白象的大骨面、统一的满汉大餐、昆仑山的矿泉水等，都属于这类产品。

综上所述，毛利高低和产品作用的关系可以总结为表4-2。

表4-2　毛利和产品作用的关系

产品毛利率	产品作用	备注
＜30%	跑量，分摊成本、拉动产能、带路产品	品牌产品
30%～35%	核心产品，销量和利润兼顾	长线产品
＞35%	利润产品	未来的核心产品

关注高毛利的方法——利润优选法

掌握了以上规律，我们可以根据"利润优选法"，从产品中挑选出"绩优股"。根据 SWOT 波士顿矩阵分析法，企业可以把产品分为这四类——问号产品、明星产品、现金牛产品、瘦狗产品，在图 4-5 的矩阵图中，分别用"？""★""¥""X"来表示。

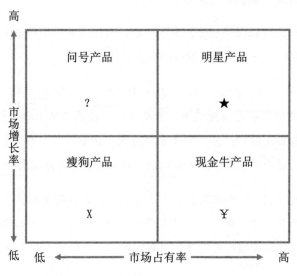

图 4-5　SWOT 分析法波士顿矩阵图

也许看完这个矩阵图，你还是对那些名词模棱两可，接下来我就来做一个详细的解释。

明星产品：是指那些增长率和市场占有率都很高的产品，这类产品很可能会进化为企业的现金牛产品。企业可以加大对它的投资，推动这类产品的发展。

现金牛产品：这类产品就是传说中的高毛利产品，这类产品的特点是目前销量增长很缓慢，但是市场占有率很高，已经处于产品的成熟期。

问号产品：也就是我们常说的问题产品，这类产品增长率不错，但市场占有率不高，这说明这类产品的前景非常广阔，只是企业的营销方式出了问题，需要调整。

瘦狗产品：顾名思义，就是那些在走下坡路，即将被淘汰的产品。这类产品不仅增长率低，市场占有率也低，基本没什么希望了。

通过矩阵图，我们可以从产品中选出一只"绩优股"，从问题产品中选出一个值得挖掘的产品，调整推广方法，加大投入，让问题产品实现逆袭。

说了这么多，其实最重要的还是要找毛利润高的产品。既然如此，你不妨先算出你所处行业的平均毛利润，找到基准线，再算出自己企业目前所有产品的毛利润，将那些超过基准线，并且名列前茅的产品当作重点培养对象。

除此之外，在确定产品利润率的时候，我提醒做决策的老板们一点：一定不要想当然，还是要理性地参考数据。

有这样一位老板，他对朋友说："我从来不做饮料食品类的代理，因为毛利太低了，根本赚不到钱，我只代理白酒。"但是他代理白酒，虽然毛利高，却没有赚到钱，这又是为什么？虽然白酒这个品类毛利高，给人一种很赚钱的感觉。但是白酒类想赚钱必须要满足三个条件：一是要销量大，二是要毛利高，三是要资金周转快。这三个条件缺一不可。

我们就白酒类和饮料类哪个资金周转快来做个分析对比。先告诉大家答案，一定是饮料。

假如我们都用 50 万来做比较，做白酒的话，资金周转一次需要一个月；但是做饮料呢，一个月内资金可以周转 4 次，甚至更多。简单来说，投同样的钱，在同样的时间内，白酒只能赚一次钱，但是饮料至少可以赚四次。虽然就单品利润来说，饮料确实跟白酒没有可比性，但是白酒输就输在资金周转慢上。因此，即使白酒的毛利率超过 50%，但是销量达不到，产品库存太多，一切就都是空谈。因此，从投资回报这个角度来说，代理饮料食品赚得更多。

还是那句话，聚焦品类，重点还是要关注毛利。

3．欲做强势，必做趋势

如果把经营产品比喻成驾驶一艘船，想要这艘船行驶得更远、更稳，就一定要借助洋流和风向的力量，顺势而为。也就是说，产品想要发展得好，一定要符合消费者需求和市场的变化趋势。如果你偏要和趋势唱反调，定然前途渺茫。

我曾经去听一位教授上课，在课堂上，教授问了这样一个问题："猪会不会飞？"同学们面面相觑，不知道如何回答。

教授接着问："如果是刮台风了呢？"台风来了，别说猪了，连房子都能飞起来，这就是借势。

小米总裁雷军曾说："站在台风口上，猪也会飞起来。"2011 年 9 月，一个名不见经传的手机品牌正式上线发售。在短短一年的时间内，小米手机的销量就突破了 150 万台，迅速跻身市场主流。2013 年，小米的年销售额竟然突破 300 亿大关。除了物美价廉、性价比高以外，小米之所以能站在今天这个高度，主要因为站在了风口——智能手机成为互联网应用的主流。

好风凭借力，扶摇直上九万里。企业在聚焦品类时，也要看清时势，懂得借势造势。具体要怎么做呢？我从以下三个方面进行分析（图 4-6）：

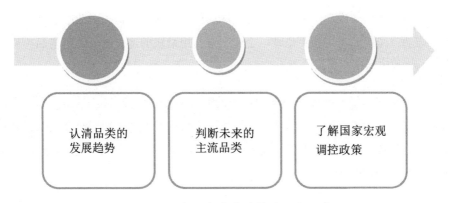

图 4-6　聚焦品类看清时势的三个要素

认清品类的发展趋势

花无百日红，没有哪一品类能一直在市场的舞台上不退场，有旧人退场，就一定有新人上台。这就是机会，新品类崛起的时候，就是企业发展的时候。

消费者的需求和消费能力决定着品类的更替。改革开放以来，消费者的生活水平提高了，对产品和消费的要求自然也高了。比如，消费者越来越倾向于绿色健康、环保安全的消费品。也就是说，符合这个特点的品类发展前景比较好，销量自然不用担心，企业可以大胆地进入。

就拿快消品市场来说，销量比较好的品类有植物蛋白饮料、凉茶、功能饮料、啤酒等。懂得借势的企业就可以进入这些行业，如果你的产品足够有特点，又符合这个趋势，那你就坐等着收钱吧。

比如植物蛋白饮料这个品类，几大品牌露露、养元、银鹭、椰树等，在这拨浪潮中发展的速度非常惊人，而作为后来者的绿宝露、起跑线、好佳一、一大早、摩尔农庄等，也搭上了顺风车，取得了一定的成绩。

再比如说矿泉水这个品类，起初康师傅、农夫山泉、娃哈哈等领导品牌借着东风赚得盆盈钵满，后起之秀昆仑山、百岁山、怡宝、恒大冰泉等也蹭了一手好热度，迅速成长起来。

这些企业的发展都有一个共同的特点：大企业根据市场和消费趋势的变化开

发新品类，获得了成功。中小企业看到成功先例，开始模仿大企业的做法，也获得了成功。当新品类崭露头角时，企业一定要用最快的速度进入，当老品类被淘汰时，也要迅速退出。

对于那些已经不能满足消费者需求的品类，应该慢慢撤出市场。比如胶卷、蜡烛、洗衣粉、搓衣板、MP3、VCD，等等，这些品类不是市场渐渐疲软，就是被新的产品代替。假如你依然故步自封，不愿做出调整，那么在不久的将来，你将面临被市场淘汰的命运。

我曾经看过一个关于马车的故事，其背后的道理值得所有经营者深思。

100多年前，英国的一个城市有两家制造马车的公司，一家马车公司的老板说："我要为人们制造最好的马车。"而另外一家马车公司的老板却说："我要给人们制造最好的交通工具。"

当时，两个马车公司制造的马车无论从外观上还是质量上都没得挑。但是几年后，立志要为人们制造最好的马车的公司却倒闭了，而那一家要给人们制造最好的交通工具的公司却蒸蒸日上，这家公司就是劳斯莱斯。

时代在发展，科技在进步，现在还有哪个城市是满街跑马车的？当市场需求发生变化时，前者没有紧跟趋势，研发新品类，固执地在老路上走，以致最后离市场越来越远，即使产品的质量再好，也不能改变最终被淘汰的命运。

判断未来的主流品类

怎么判断未来的主流品类呢？很简单，现在我们身边的高端产品，就是未来的主流产品。

几十年前，就算是在大城市，也很难看到几个开小轿车的人，如今别说是北上广深这些一线城市，就连三四线城市，大街上保时捷、玛莎拉蒂、捷豹等名车也时常可见。不是车的问题，而是消费者的消费能力提高得太快了。

当其他矿泉水只卖1块钱时，农夫山泉定价1块5毛，消费者觉得农夫山泉黑心，一瓶水卖这么贵，于是拒绝购买。但是，当农夫山泉已经完全被消费者接受时，消费者就连售价十几块一瓶的依云矿泉水都能不眨眼地买来喝了。产品长期坚守低价等于把自己往绝路上送。当身边所有的产品都在涨价时，你不涨价，等于是在慢性自杀。比如康师傅矿物质水、娃哈哈纯净水，它们的销量是不是已经不如从前了呢？

不要觉得定价低，不涨价，消费者就会喜欢你，选择你。消费者对于一件产品档次的判断，最直接的依据就是价格，其次才是质量。请把给消费者提供物美价廉的产品这种"善心"打消，这个世界上根本不存在物美价廉的产品。

当你还拿不定主意聚焦哪一个品类时，就向高端看齐。

几年前，有专家对饮料市场进行了一个预测，他们认为高端水会成为主流品类。但是很多企业家当时都当笑话听了。昆仑山矿泉水刚刚上市的时候，定价5块，很多人说："这个牌子完了，一瓶水卖5块，当消费者没长脑子吗？"可是结果呢？昆仑山矿泉水不但站稳了脚跟，销量还十分喜人。

一个做饮料的老板非常懊悔地说："看来不是消费者没长脑子，而是我没长脑子，这么好的机会没把握住。"

随着市场的发展，工业化脚步越来越快，以后纯净水资源会越来越稀缺，这也就意味着饮用水未来的发展空间非常大。在未来5～10年内，饮用水一定是饮品这个行业的第一大品类。

了解国家宏观调控政策

中国的市场经济是在政策调控下的市场经济。国家提倡什么、引导什么，企业就做什么，跟着国家的脚步走，一定不会错。国家提倡的、引导的就是趋势，就是东风，就是机会。

曾经有这样一个段子：80年代，摆个地摊儿都能发大财，当时很多人不敢，后来敢摆的都成万元户了；90年代，炒股就能成百万富翁，很多人觉得是骗人，后来炒股的人都成有钱人了；迈入21世纪，有人说上上网就能发财，很多人觉得是笑话，现在中国首富马云，就是当初"上上网"的人。

也有人说："如果当初我也做，今天不知道比他们强多少！"没错，你有能力、有学历、有本钱、有经验、有胆识，可是你当时不信、不敢，没有做啊。

这不仅仅是执行力的问题，更重要的是，你没有一双看清趋势的眼睛，这是眼光问题。所以说，眼光决定成败是有道理的。那些没有学历也没有经验的人，最后之所以能够成功，就是因为他们有头脑，懂得分析趋势，懂得借势造势。

企业在进行聚焦品类时，一定要根据国家的政策方向来。只要是国家明令禁止的、控制的，就算再赚钱的项目也不能碰。

比如，2012 年国家推出了"八项规定"，在这种情况下，你依然往高档白酒、高端礼品、高档酒店、高端餐饮行业里面钻，你觉得你能赚到钱吗？最近几年，国家一直对那些钢铁、水泥、化工、煤炭等高耗能、高污染的重工业进行逐步控制和淘汰，你觉得此时进入这个行业会有发展前景吗？在目前这种情况下，明知山有虎，还偏向虎山行，最后只能被淘汰。

换句话说，只要是国家大力引导的，那就是机会，一定要把握住。在"十二五"期间，国家强调了科技、环保、文化、农业的重要性，加大了在这方面的投入，这就是趋势。此时进入这些行业，不仅能获得国家补贴、政府的支持，最关键的是，跟着国家的脚步走，就不愁行业没前景。

比如现在雾霾问题越来越严重，也就说明环保行业将是一片蓝海。在这样的趋势下，假如你研发节能、低碳、环保、绿色的品类，不仅不会有风险，还将获得国家大力支持，何乐而不为？

为什么有的人成功，有的人却原地踏步，甚至跌落谷底？关键在于对趋势的判断。

机会是什么？国家给了你这个灵感，叫作"机"，而你把握住了，开始做了，这叫"会"。当所有人都开始做这件事的时候，你就等于和机会擦肩而过了。

没有人能脱离市场规律而发展，就算你有资源、有资本、有渠道，但是你不遵循市场的发展规律，不顺应趋势，依旧不会成功。

我曾经了解到一位企业家，眼睁睁地看着自己企业的产品品类在走下坡路，他不但不进行聚焦，反而还加大投入。最后的结果是"辛辛苦苦很多年，一下子又回到解放前"。

没有哪一种品类能长盛不衰，也没有哪种产品能永远独占鳌头，今天表现平平的产品，说不定明天就大火了，只要把握好趋势，顺势而为，企业就不怕没有未来。

现在，你是不是也应该分析分析你的品类趋势了呢？顺势则聚焦，逆势则调控。

4. 品类空间决定企业销量

对于企业来说，品类发展空间越大，市场容量就越大，而市场容量和企业销量又有着密不可分的关系。因此，企业在聚焦品类时，一定要选择那些品类空间大的产品，一定要关注到品类的天花板。

我认识一家粉丝厂的老板，他曾立下豪言，要在 5 年内把销售额做到 50 亿元。他的这个目标非常宏伟，可是按照当时的市场情况，全国的粉丝销售额加起来也不过十几亿元。换句话说，粉丝这个品类空间比较小，有什么办法能达到这个目的呢？按道理说，按照粉丝售价 10 块钱一包来算，全中国有一半的人一年买 1 包就行了，这样算起来，还挺简单的。

但是问题是，粉丝并不是人们生活的必需品，有的消费者不喜欢吃粉丝，很多可能一辈子也不会买一包粉丝。然而这个老板并没有注意到这个现象，于是斥巨资在全国进行铺天盖地的宣传推广。5 年过去了，销售额累计才 5 亿元。

俗话说，"人有多大胆，地有多高产"，但是市场是有客观规律的，如果品类容量本来就很小，企业还硬着头皮做，只会让自己陷入进退两难的尴尬境地。这个案例恰恰说明了品类空间决定企业销量的道理。

有的产品品类空间非常大，市场容量可达上千亿甚至更多，企业想在这个品类中发展就很容易。但是有的产品品类市场容量本来就有限，全国的销量加起来也才十几亿，就像案例中的粉丝一样，就算你的产品再有特点，再受欢迎，市场只有那么大，一年想做到几百亿根本就是天方夜谭。

但是，这并不是说品类空间小就不值得一做，假如毛利很高的话，也是可以细细研究一番的。但是，千万不要指望能赚大钱，主要原因还是因为品类空间太小了。但是大品类就不一样了，品类空间越大，企业发挥的余地就越大，发展起来自然很容易。所谓海阔凭鱼跃，天高任鸟飞。

那么，企业在聚焦品类时，应该如何判断品类空间的大小呢？我这里有两个技巧，值得大家一试。

看看你选择的产品是不是属于新品类

什么是新品类？简单来说就是市面以前没见过的产品。比方说植物蛋白饮料、苹果醋、蒸汽眼罩、懒人火锅、蒸脸仪，等等。这些都是近几年通过新旧元素组合，创新、引进的新品类。

如果你聚焦新品类，判断新品类的市场空间，有以下三种方法（图4-7）：

图 4-7 判断新品类空间的三个标准

品类空间

市场是不是真的需要这个品类

目标市场、目标人群的规模有多大

引导期长短及引导能力预测和分析

（1）市场是不是真的需要这个品类

对于从未接触过的新品类，我们要对它的真实市场需求进行缜密的分析和判断。判断标准为，是否符合消费者的消费习惯和市场变化趋势，如果符合就有需求；如果不符合，就要慎重对待了。

比如，功能饮料这个新品类。随着工作和生活压力越来越大，人们的疲劳感也越来越严重，并且人们的消费水平足够达到这个品类，加上企业的有效引导，市场需求还是很可观的。

再比如枇杷润肺饮料这个品类，消费者为什么要润肺？他们真的有润肺的必要吗？有没有比这更好的方式？这些问题的不确定性都太大了，没有实质性的证据表明消费者真的需要，所以这个品类的前景堪忧。

（2）目标市场、目标人群的规模有多大

对于新品类，我们还要根据消费者的行为习惯和消费习惯，分析新品类的潜力到底有多大。

比如功能饮料。根据市场调查，我们知道，目前易疲劳已经成为消费者最大的健康困扰，加上加班、开车、压力大的人群越来越多，说明这个品类的市场潜力很大。

再比如苹果醋。苹果醋能够美容养颜、保健瘦身，这是众所周知的功能，但是在人们的潜意识里"醋"就是佐料，真正通过苹果醋美容养生的人又有多少呢？实际上，目标人群是狭窄的。

（3）引导期长短及引导能力预测和分析

这个新品类需要多久才能让消费接受？企业和行业有没有这个实力？这些都需要研究分析。

要预测哪些内容呢？一是要预测引导期，二是要预测行业的引导能力。

就拿冰糖雪梨来说，是消费者很容易接受的品类，加上大企业的推广，在短

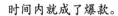

时间内就成了爆款。

再比如那些功能饮料，虽然引导期很长，消费者的消费意识没有那么快，但是这些企业有实力做长线，几年之后，功能饮料也做成了爆款。但是苹果醋，到现在也没人能知道这个品类的引导期何时才是个头，在这品类中挣扎的企业能否迎来春天。

如果是老品类，看看它的市场空间到底有多大

品类空间大，说明市场前景一片光明。聚焦这样的品类，企业才能在未来实现投资和回报成正比。如果品类空间小，说明这个市场本身就没什么潜力，企业在这个品类中发展，前途堪忧，生死未卜。

（1）品类空间大

特点是，目标消费者人群够广泛或者有一定的消费环境，消费周期短，回购率和购买频率高，价格比较亲民，比如饼干、火腿肠、矿泉水、奶茶、橙汁，等等。

（2）品类空间小

特点是，目标消费者人数较少，消费周期很长，购买频率低，价格比较高，比如苹果醋、蒸馏水、玫瑰花饮，等等。

作为企业家，一定要在这个复杂的市场环境里保持清醒的头脑，不要妄自菲薄，也不要欲求不满。要根据自己的实际情况，在聚焦品类时，选择品类空间大、市场趋势好的产品，借力打力。

在做投资的这几年里，我经常看到很多企业在做决策时，单凭自己的喜好、感觉或者个人经验做判断，我把这类型的企业家统称为"拍脑袋型"。一个人的感觉和他的个人经历有很大的关系，假如个人经历不够，达不到一定的认知高度，那么感觉一定不准确。经验是非常宝贵的，但是面对风云变幻的市场，单凭经验也不会有好下场，过去的成功经验并不适合现在的竞争市场，这也是为什么有的人说，曾经的成功反而会阻碍未来的成功。

5. 瞄准周期，把握趋势

产品的生命周期是什么？简单来说就是产品能在市场上生存多久。产品从进入市场开始，一直到被市场淘汰或者自己退出市场，这段时间就是产品的生命周期。

产品的利润不是一成不变的，从研发到上市，期间任何条件的变化都会影响产品的销量和利润。就像一个人的生命，从诞生到成长发育，再到年迈，最终离开这个世界。总的来说，产品的生命周期会经历这四个时期：导入期、成长期、成熟期、衰退期。

证明一个新产品是否成功，至少得经过 6 个月考验期。第 1 个月进行试推广；第 2 个月开始大面积上架；第 3 个月补货；接下来两个月要让市场慢慢消化；第 6 个月看成效，然后继续铺货。如果在半年的时间内，产品能够推广成功，那目的就达到了。如果失败了，再进行二次推广就非常困难了，基本没有投入的必要。

我们可以通过产品所处的阶段来判定此品类适不适合聚焦，或者哪种品类更适合聚焦。一般来说，发展速度飞快的就是成长期产品，销量非常稳定的就是成熟期产品，而那些逐渐被消费者遗忘的，就是衰退期产品。

那些处于成长期或者导入期的产品，通常就是企业重点聚焦的对象。这是为什么呢？

进入衰退期的产品，销量已经在下滑了，并且将来的局面很难控制，投入得越多，亏损得就越多；处于成熟期的产品，已经进入一个平台期了，不管投入多少心血，也不会有多大变化。

产品生命周期的四个阶段及表现特征如表 4-3 所示。

表 4-3　产品生命周期的四个阶段及表现特征

产品生命周期阶段	表现特征
导入期	新产品进入市场的那一天起，就进入了导入期。在这个阶段，消费者对产品一无所知，只有那些喜欢尝试新事物的消费者会购买，销量并不理想
成长期	在这个阶段，消费者已经对产品有了一定的了解，购买的人也逐渐增加，市场范围慢慢扩大
成熟期	在这个阶段，市场已经饱和，该挖掘的潜力已经被挖掘完，销售额变化曲线逐渐趋平，同时在这个阶段，产品面临的竞争会更激烈，企业不得不采取降价的方式进行促销，利润也相对减少
衰退期	今天技术发展日新月异，产品更新换代越来越快，消费者的习惯也在跟着发生变化。当老产品不能满足消费者的需求，销售量一定会下降，此时，产品就进入了衰退期

要想准确判断产品的生产周期，请先思考下面三个问题：

你的产品属于哪个品类？

你的产品正处于哪个阶段？

你的产品趋势和品类趋势分别怎么样？

针对这三个问题，我们可以先通过产品 KPI 指标来评判（表 4-4）。

表 4-4　产品 KPI 指标评判表

KPI 指标	评价	备注
产品的导入时间		
产品是否精进		
现实毛利		
销量趋势		

通过表 4-4，我们可以很明确地知道产品的具体发展情况，再根据产品生命周期各个阶段的特点来判断产品处于哪个阶段。

除了 KPI 判断法，我们还要搞清楚一个问题，产品趋势和品类趋势是一个意思吗？答案是否定的。

产品趋势和品类趋势的关系有以下三种情况：

（1）产品向上，品类向下

最近，杯装冲泡奶茶的销量由于受到市场的强烈冲击，出现销量下降的情况。但是香飘飘的销量不降反升。有数据表明，香飘飘 2017 年的销量达到 14 亿杯，目前这个数字还在增长，销售额保守估计在 20 亿元左右。

（2）产品向下，品类向上

一个产品的销量不怎么样，但是品类的发展前景很广阔。比方说饮料这个品类，大环境一片红火，但是碳酸饮料这类产品却一年不如一年。2000 年，碳酸饮料的年销售额占整个饮料品类的三分之一，到了 2012 年，这个比例下滑到了五分之一。

（3）产品和品类的发展趋势一样

产品和品类的发展趋势是一样的，不是上升，就是下降。

在表 4-5 中，我们对市场上一些常见的产品及品类发展趋势进行了分析对比，有助于大家在目前的市场环境下，对生产经营产品和品类进行准确的判断。

表 4-5 产品及品类发展趋势

产品	趋势	品类	趋势
营养快线	↑	乳饮料	↓
健力宝	↓	含气运动饮料	↓
可乐、雪碧	↑	碳酸饮料	↓
红牛	↑	特殊功能饮料	↑
统一方便面	↑	方便面	↓
二锅头	↑	白酒	↓
陈克明	↑	挂面	↑
奥利奥	↑	饼干	↓
香飘飘	↑	奶茶	↓

通过这个表格，我们可以得出以下结论：

第一，红牛和特殊功能饮料这一品类，产品趋势和品类趋势都呈上升状态。

第二，二锅头和白酒品类，产品趋势和品类趋势的发展不一样。二锅头的销量持续增长，但是整个白酒品类受国家政策影响，有所下滑。

第三，陈克明挂面和挂面品类，产品趋势和品类趋势发展都很好，挂面品类的成长速度非常快，作为这个品类的领导品牌，陈克明进步也非常大。

第四，奥利奥和饼干品类，虽然整个饼干品类的市场最近并不令人满意，但是奥利奥的销量在国内却是逐步攀升的。

通过这样的分析，我们对目前经营的产品的周期阶段会有更加精准的认识，同时，我们也可看出，有些品类的趋势，靠单个产品是无法改变的。

我们看方便面这个品类，整个方便面行业的销量连续几年都在下降，但是康师傅的销量在 2017 年反而上涨了 6.8%。可以说，在整个方便面品类中，康师傅称得上是领军品牌了。因此，企业要想在这个行业中占据有利的竞争地位，最好是先评估自己有没有赶超或者和康师傅相媲美的能力，如果没有，就不要贸然进军方便面品类。

6. 品类实践，如何把握聚焦的"度"

企业为什么要进行品类聚焦？因为品类聚焦能够帮助企业在市场中迅速提升自己的竞争力，从长远来看，有利于培养某一主打品牌，扩大市场份额。聚焦，简简单单两个字，做起来却十分复杂，一定要把握好"度"。聚焦什么？怎么聚焦？聚焦多少？是企业在实施品类聚焦战略的过程中最头疼的问题。

那么，企业如何在品类聚焦的过程中把握好"度"？有没有一些原则可循？在什么情况下聚焦的品类越少越好？在什么情况下可以放宽限度？不妨我们探讨一下。

企业在什么情况下聚焦品类越少越好

企业在实施品类聚焦时，在什么情况下应该聚焦越少越好呢？我们从三方面分析一下（图 4-8）。

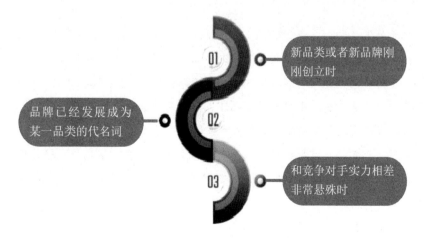

图 4-8　在什么情况下聚焦品类越少越好

（1）新品类或者新品牌刚刚创立时

新品类创立初期，人气和口碑非常重要。就算是背后有强大的金主支撑，企业在推广新品类或者新产品时还是要从原点市场起步，一步步发现问题、解决问题，然后再进行大规模营销。这里的聚焦，是指在推广节奏上要根据自身情况把握好"度"。

比如，青海大漠红公司和喜眠公司都是白手起家，从零开始。青海大漠红最早是做枸杞的种植加工和销售的，后来开辟了枸杞汁这个新品类，逐渐向全国市场扩散，希望成为枸杞品类的领导者。而喜眠公司最开始以睡衣和外贸为主营业务，后来开创了速干睡衣这一新品类，希望自己能成为睡衣品类的带路人。

它们在创业初期都采用了聚焦的方式，大漠红选择聚焦广州市场的连锁药店，而喜眠公司选择聚焦孕妇消费者，在渠道上选择传播面比较广的电视购物。它们各自都对"度"把握得十分精准，既规避了创业初期的一些风险，又推动了品类或者品牌的发展。

（2）和竞争对手实力相差非常悬殊时

当企业面临强大的竞争对手时，既能全身而退，又能保持反击体力的办法就是收缩战线。在收缩战线的同时，寻找机会提高自己的竞争力，使自己在某一方面足够与对手抗衡甚至更胜一筹，这样才能反败为胜。

以长城汽车为例，在2008年，长城汽车在全球的排位在30多名以后，体量小，在消费者心中就是透明般的存在，不仅没有竞争优势，品牌战略还很分散。根据汽车行业的发展规律来看，每个国家只有少数几个有代表性的品牌能活下来，其余的凶多吉少。在当时的情况下，长城汽车能够存活下来就是个奇迹了。但是长城汽车通过聚焦品类战略反败为胜，市场地位也提升了好几个层次。对于企业来说，产品品类有大有小，企业要选择哪一个品类，这也是一个"度"。最后，长城汽车把品类聚焦在15万元以下的经济型SUV这个市场，主打品牌哈弗，最终打了一个翻身仗。

（3）品牌已经发展成为某一品类的代名词

假如品牌在某一品类已经极具代表性，也就是说在这一品类的霸主地位已经难以撼动。比方说，凉茶代表王老吉、高端白酒代表茅台、空调代表格力，等等。这些品牌经过多年的打拼，已经成为该品类的代名词，假如此时开始涉足其他品类，会大幅降低消费者的好感度，加上对延伸品类的认识不足，很难获得成功。这种杀鸡取卵的做法，无异于是自掘坟墓。

企业在什么情况下可以放宽限度

在以下四种情况下（图4-9），企业在实施品类聚焦时，可以聚焦得多一些，适当放宽。

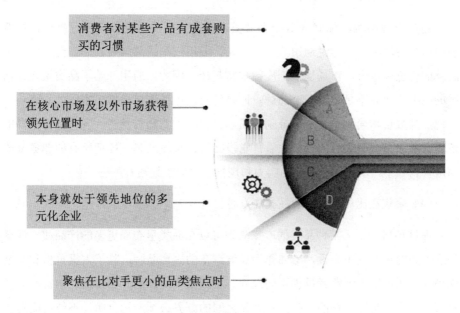

消费者对某些产品有成套购买的习惯

在核心市场及以外市场获得领先位置时

本身就处于领先地位的多元化企业

聚焦在比对手更小的品类焦点时

图 4-9　在什么情况下可以放宽限度

（1）消费者对某些产品有成套购买的习惯

以厨房电器市场来说，抽油烟机和煤气灶这两样产品，消费者基本上会搭在一起买，而且消费者一般会先确定抽油烟机再确定灶具。老板电器就抓住这一特点，在抽油烟机上聚焦了大量的资源，同时推进了灶具的营销。老板电器在进行品类聚焦的过程中，成功超越了方太，在灶具这个品类上取得的成绩，竟然超越了老牌灶具品牌华帝。

（2）在核心市场及以外市场获得领先位置时

领先品牌在核心市场的认可度是很高的，让品牌的地位无可撼动，新进品牌基本上对它构不成什么威胁。在这样的情况下，领导品牌可以在核心市场内多发展一些产品，这样不仅不会对自身有什么影响，还能进一步扩大市场占有率。比如汽车行业，那些领导品牌在核心市场内销售的车型数量更多，特别是日系车，丰田在美国市场投放了25种车型，在中国市场投放了29款车型，而在日本本土市场竟然达到了96种。

（3）本身就处于领先地位的多元化企业

这类企业很难浓缩到只做一个品类，通常会按照盈利排名进行聚焦，把亏损的产品淘汰掉。比方说通用汽车，起初，通用汽车的品牌规划非常混乱，几个品牌的价位有重合，市场地位一度被福特赶超。因此，通用开始了品类聚焦。通用的品类聚焦并不是只做一个品牌，而是针对高中低端市场推出不同的品牌，一下把品牌数量精简到了3个，分别是凯迪拉克、别克和雪佛兰，各自针对不同的市场。从通用汽车当时的处境来看，它没必要像长城汽车一样把所有的业务都砍掉，只剩一个。所以说，企业的实力和规模也对聚焦战略有影响。

（4）聚焦在比对手更小的品类焦点时

在这种情况下，某种品类的专家品牌可以在品类里布局更多的产品线。就拿刚刚提到的长城汽车来说，哈弗作为长城汽车的聚焦品牌，除了占据价格和车型优势外，还可以为消费者提供不同尺寸、不同风格的产品。要知道，丰富产品线和盲目扩张还是有区别的，产品和产品之间的分界必须泾渭分明，不能造成消费者认知的混乱，不然品类聚焦战略就是在给企业雪上加霜。

从各个企业的品类战略来看，每个品类都有其特点、发展阶段、竞争格局，而品类中的各个品牌也有其资源、品牌地位的区别，这些都是企业在进行品类聚焦战略时必须考虑的因素，这和企业聚焦的"度"以及方式息息相关。所以说，企业在进行品类聚焦战略时，必须根据实际情况，具体问题具体分析，切莫生搬硬套。

第五章
占位：品类创新，带领企业迈入蓝海

-------------------- **导　读** --------------------

逐渐被互联网"吞噬"的市场，让企业的竞争越来越激烈。各大商家除了各凭本事抢占市场，品类创新也成了大家争相采用的手段。特别是我国目前的市场形势一片大好，企业家都逐渐意识到品类创新的重要性。加上国家大力鼓励创业的政策支持，企业家们的创新热情更是如滔滔江水，奔涌而来。

随着新品类如雨后春笋般涌现，有的能茁壮成长，可有的却因为后天营养不足而夭折，这是为什么呢？怎样做品类创新才是正确的？

我认为，品类的创新是指在产品的内在特点和本质属性上的创新。新品类必须以消费者的认知为基础，要从消费者的需求出发。一味只顾着创新，最后连消费者需要什么都不知道，也是白搭。在这方面，金典有机奶就是个很好的例子。

如今的乳制品市场竞争渐渐白热化，在这样的环境下，伊利却看到了"有机产品"的广阔市场。随着人们生活水平的提高，消费者在"吃"上的要求也越来越高，有机产品十分受消费者喜爱，逐渐成为一种流行趋势，而有机食品在乳品这个市场还没有人涉足，金典有机奶就这样应运而生了。

在这个全民创新的时代，假如你的产品足够好，足够有特色，足够吸引眼球，你想把它发展成为一个新品类，首先要考察这个产品是不是符合市场趋势，是不是符合消费者的需求，如果符合，那就可以着手准备了。但是，这样还不够，你还要在品牌建立和营销上多费心，才能让品类的发展欣欣向荣。

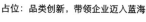

1. 什么是真正的品类创新

在这个商业高速发展的时代，企业想要扩大市场占有率，打败竞争对手，不得不进行品类创新，企业家们已经逐渐意识到了品类创新、打造品牌的重要性。

品牌的竞争是建立在品类的基础上的，品类的产生代表着消费者有需求，而品牌给了消费者购买的理由。比如，你想买洗发水，洗发水就是品类，说明消费者有需求；你想要买防止脱发的，于是你想到了霸王防脱发洗发水，"霸王"这个品牌给了你购买的理由。一项数据表明，在一个品类中，消费者心中排名第一的品牌，其销量是第二名的两倍，也就是说，谁能独占鳌头，谁就能获得绝对的竞争优势。

在凉茶品类中，王老吉第一，销量让对手望尘莫及；在奶茶品类，香飘飘第一，杯子连起来可绕地球好多圈；在手机品类，苹果长期占据第一名，成为智能手机的代名词……这些成功的例子都在向我们说明成为第一的重要性。人们会记得奥运冠军的名字，但是亚军的名字却鲜有人提起。在这样的市场环境下，企业家们都在争做第一。

可是，新品类的诞生让人们眼花缭乱，有的能迅速崛起，有的却迅速被遗忘，这又是什么原因？因为很多企业家还未清楚地认识到什么是真正的"品类创新"。

针对这个问题，我"简单粗暴"地跟大家探讨一下什么才是真正的品类创新。

正确的品类创新案例

王老吉凉茶饮料："凉茶"是饮料的新品类。王老吉的前身只不过是广东地区很常见的清热去火的中药，但是被冠以"凉茶饮料"的新品类推出市场，产品定位为"怕上火喝王老吉"，广告朗朗上口，给消费者留下了很深的印象。另外，由于凉茶的特殊性，使其与其他饮品形成了一道天然的分割线，历史悠久的凉茶摇身一变成为主流时尚饮品，成为全国畅销饮料之一。

乐视超级电视：随着互联网的发展，乐视推出了一款"互联网电视"的新品类。传统的电视机只是作为播放器来使用，但是乐视却让电视机多元化，既能当播放器，又能上网，还具备通讯功能，颠覆了以往电视机的概念，带领电视机行业实现转型，让原本在经历寒冬的电视机行业又看到了希望。

金典有机奶：挖掘了国内乳品市场的另一个潜力空间，"有机奶"满足了消费者对纯天然、无污染的高品质牛奶的要求，符合市场的发展趋势。

错误的品类创新认知例子

娃哈哈啤儿茶爽：这个产品在刚刚上市的时候，广告里这样说："像啤酒一样酷爽，像绿茶一样健康，不是绿茶，也不是啤酒。"看完广告后，消费者根本不知道这到底是什么，是酒，是茶，还是饮料？在消费者的世界观里，不管是茶里带酒，还是酒里兑茶，都不好喝，"啤儿茶爽"当然不会长寿了。

小米手机：大名鼎鼎的小米也犯过这样的错误吗？我说的不是错误，而是大家对小米的误解。小米至今都被当作是创业的神话，有的人觉得是小米开创了"互联网手机"这个品类，其实不是。小米只是个卖手机的，通过直销的方式把产品卖出去。而"互联网手机"就是我们口中的智能机，这就更谈不上品类创新了。小米的成功是因为在对的时间选择了对的市场，做了对的事情，而不是创新品类的成功。

新品类的特点

通过上面正确的品类创新案例和错误的品类创新案例，我们可以总结新品类的特点，只有符合以下三大特点才是真正的品类创新（图5-1）。

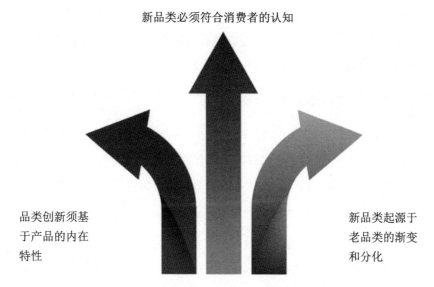

图 5-1　品类创新的三大特点

（1）新品类必须符合消费者的认知

娃哈哈啤儿茶爽就是没有从消费的需求出发，不符合消费者对常规饮品的认知，即使背后的娃哈哈集团再强大，也难改它被淘汰的命运。

而蒸汽眼罩则是个非常成功的品类创新的例子，现在人们对自己身体的健康越来越关注，尤其是视力。但是由于长期面对电脑屏幕，和手机屏幕，工作任务繁重，长期熬夜，导致眼压增大、黑眼圈加重，消费者急需一种产品来改善这一状态。而保护视力、促进眼部血液循环、改善黑眼圈的诉求满足市场空白，于是蒸汽眼罩应运而生。

所以，企业在做品类创新时，新品类一定要符合消费者的认知，不能与人们对事物的认知相冲突。

（2）品类创新须基于产品的内在特性

什么是内在特性？就是指产品的本质属性。比如，乐视的超级电视，它的本质已经不是电视机那么简单了，传统电视机只有播放作用，而乐视超级电视却是

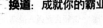

一个互联终端，两者在本质上有天壤之别，所以可以说乐视的"互联网电视"是一个品类创新。但是小米手机呢，说它是互联网手机，本质上还是智能机，只是换了个销售渠道而已，所以说小米并不是品类创新。

（3）新品类起源于老品类的渐变和分化

品类的发展有一个基本定律，即"渐变"和"分化"。比如，王老吉从传统药用凉茶渐变为功能饮料，分化成药用凉茶和去火饮料两种特性完全不同的品类。对于新品类来说，它既可以是老品类的进化，也可以与老品类形成竞争关系，比如普通牛奶和有机牛奶。

在全民创新的今天，"创新"几乎成了市场的主旋律，对企业来说似乎只有两条路，要么创新，要么死亡。假如你开创了不错的产品，而这个创新产品说不定在未来能够颠覆市场，那你不妨对照上面的特点看一看你的产品是否符合品类创新。如果符合，那就赶紧行动起来吧。当然，光有行动也是不够的，在营销推广上也得多上心，用心浇灌，新品类的种子才能长成参天大树。

2. 为什么要实施品类创新战略

说到品类创新，很多企业家觉得改进改进产品，升级一下战略规划就行了。实际上，这种想法太单纯了。假如企业能够让品类创新战略的能量最大限度地发挥出来，那么在行业内的地位与之前就不可同日而语了。品类创新是一种战略，是企业实现差异化经营、开辟蓝海市场的实效战略。

娃哈哈起初只是一家罐头厂，后来依靠"娃哈哈儿童营养液"一步步走到了今天，从一个小作坊发展成为一个大集团。在各个果汁大户还在比谁的果汁更纯的时候，统一默默推出了"鲜橙多"这个PET瓶非纯果汁饮料，一经上市供不应求，销售场面十分火爆。乐百氏在沉寂多年之后，推出了电解质能量饮料"脉动"，为企业迎来了第二春，带动了一股运动饮料的热潮。

蒙牛利乐枕、东阿阿胶、SOHO现代城……这都是品类创新带来的力量，品类创新绝不仅仅是一时的胜利，它最大的价值体现在战略上。

品类创新是建立在产品的基础上的，新品类一定包含新产品，但是新产品不一定是新品类。新品类在产品功能、产品特点上与老品类有明显的差别，它开拓了一个新市场、一片充满潜力的蓝海，如红牛、王老吉、新东方、冰红茶，等等。这些新品类不断地掀起市场热浪，造就了一个又一个奇迹。因此，对于企业来说，成功有捷径吗？

有！就是品类创新。

品类创新的战略价值

企业之所以对品类创新有误解，最重要的还是没有对新品类的价值有深刻的认知。我们先来看看新品类到底有多重要（图5-2）。

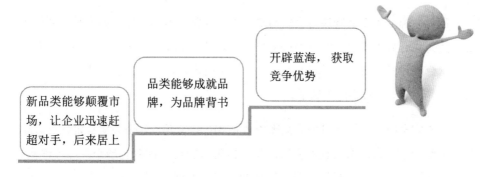

开辟蓝海，获取竞争优势

品类能够成就品牌，为品牌背书

新品类能够颠覆市场，让企业迅速赶超对手，后来居上

图5-2　品类创新的三大战略价值

（1）新品类能够颠覆市场，让企业迅速赶超对手，后来居上

虽说市场竞争强烈，使很多"前辈"被拍死在沙滩上，但市场竞争的精彩就在于颠覆市场、后来居上。老鼠如何挑战大象？后来者如何居上？品类创新就是捷径。

纳爱斯就是一个很好的例子。纳爱斯作为一个专做洗涤用品的企业，以非常不起眼的品类"超能皂"起家，进一步升级品类到"透明皂"，最后发展到洗衣液，用品类创新的方式推动了企业的发展。纳爱斯的招牌越来越响亮，如今，纳爱斯已经成为国内可以与国际品牌势均力敌的日化企业。

再比如韩国三星电子，它在短短6年的时间内就超越索尼，成为全球第一大电子品牌。三星电子对数码产品市场的发展趋势预测得非常准确，抢先一步开发了数字化电子产品，抢占了市场先机，在全球市场用品类证明了自己的实力。

（2）品类能够成就品牌，为品牌背书

很多人都把品牌看得很重要，殊不知，品类才是背后的BOSS。一个被消费者认可的创新品类，一定会孕育出一个大品牌。如果再形象地比喻一下就是，品牌是我们看到的冰山一角，而品类是我们看不到的冰山下面的部分。品牌的背后是品类，品牌赖以生存的是品类，如果某个品类消失了，品牌也会跟随着一起消失。

创新品类的第一品牌通常会给消费者留下非常深刻的印象。因为是你开创了这个品类，消费者就会在潜意识里觉得，你就是这个品类的主人。比如一提起果冻，就会想到喜之郎；一提起凉茶，就会想到王老吉。如果你能够成为某个品类的代表者，基本上就不愁市场了。

据不完全统计，可口可乐的品牌价值是670亿美元。这个数字一定让许多企业家眼红，它怎么这么值钱？当时，与可口可乐同期的饮料有沙士、姜汁汽水、橙汁、柠檬汁，等等。假如依旧在原来的品类上发展，可口可乐是没有未来的。后来，它开创了"可乐"这个新品类，这就是它能发展成为一个大品牌最重要的原因。

所以，品类能够成就品牌，为品牌背书。

（3）开辟蓝海，获取竞争优势

假如你的品牌是这个品类中的唯一，那么你的品牌领导地位就已经确定了，当有竞争对手出现时，通过对比会更加凸显你的领导地位。

当你的品牌稳坐新品类第一把交椅时，它就已经被认定为这个品类的开创者和领导者了，而后来出现的品牌都会被戴上借鉴、模仿的帽子，即使质量再好，消费者的接受度也不会很高。比如白加黑，率先创造了白天晚上分别服用的感冒药，如果现在出现一个"黑加白"，或者别的类似的品牌，消费者会认可吗，会接受吗？

第一品牌的领导地位，不仅为自己塑造了品类专家的形象，在获取市场份额方面，也起到了不小的作用。

在同样的品类里，其余的品牌为了存活下去，提升销量，只能降价，薄利多销了。康师傅在大陆市场一直是排名第一的方便面品牌，在台湾市场比康师傅大得多的统一，一直没办法超越康师傅，就是因为康师傅率先登陆了大陆市场，获得了领导地位。

品类创新是实效、成功的战略

很多人觉得，要想在市场竞争中脱颖而出，就要在产品和服务上俘获消费者的心。实际上并不是这样，假如你在这个品类中的市场份额本来就很小，而且不得不"以卵击石"地去和实力更强、资源更多的对手竞争，那显然你最初的策略就是错误的。

无数企业都是拼了命地卖力苦干，结果费力不讨好，还是在竞争中输得一塌糊涂，因为一开始就走错路了。

然而，在现实中，几乎每一个品类都是饱和市场，后来者应该如何迅速脱颖而出呢？是在目前已有的品类中苦苦煎熬，还是鼓起勇气开拓一片新天地？到底怎么做才是对的？

事实告诉我们：宁做鸡头，不做凤尾。开创一个新品类，即使这个品类目前的发展很缓慢，但一旦新品类被消费者接受，你就是当之无愧的领导者。

著名的竞争战略专家迈克尔·波特，通过自己大量的实战经验总结出了这三条容易取胜的战略：总成本领先战略、差异化战略和专一化战略。在他的著作

《蓝海战略》中，迈克尔·波特特别强调说："想在竞争中求胜，唯一的办法就是不要只顾着打败对手。要在未来赢得胜利，企业必须停止竞争，开辟蓝海，进入无竞争领域。"

开创新品类就是实施差异化战略的最好途径，新品类产品是在市场上识别度非常高的产品。因此，大多数企业的差异化战略都是在新品类中形成的。像戴尔这样单凭简单的直销模式就获得成功的企业，毕竟是少数。

假如你想要通过现有的传统的产品参与竞争，并且获得收益，最好的方式就是采取成本领先战略。但是一个发展成熟的市场，利润模式已经很透明了，但凡能够在竞争洪流中坚持下来的品牌，在实力、技术、营销上都不是省油的灯，你想跟这些企业竞争，基本没有胜利的可能。

既然虎口夺食希望渺茫，不如去开拓荒原，创新品类，自己先玩儿起来。在这个方面，宝洁公司的做法值得我们学习。宝洁公司打开中国市场的第一款洗发水就是去屑王者"海飞丝"，进入中国的第一款香皂就是强效除菌的"舒肤佳"。宝洁的成功不是偶然的，因为新品类天生的独特价值，让它更容易获得消费者的青睐。

假如你的品牌不是这个品类的第一品牌，就应该发散思维，开创一个新品类，给自己制造成为第一品牌的机会。无数成功的案例证明，品类创新是企业迅速崛起的催化剂。毫不夸张地说，发现和创造一个新品类，价值胜过打5000万元广告费。

品类创新不仅能帮助企业打开竞争新局面，还能推动企业又快又稳地发展。在市场竞争越来越白热化的今天，品类创新战略能够助你成为市场上那独一无二的耀眼的新星。

3．品类创新的基本法则

说到如何实施品类创新战略，让我感到遗憾地是，很多企业在实施品类创新时，总是犯"一厢情愿"的错误。

什么是"一厢情愿"的错误？就是企业所创造出来的新品类，只有企业自己认为好，而消费者却难以接受。

企业之所以在进行品类创新时容易犯"一厢情愿"的错误，是因为还没掌握品类创新的基本法则，所以才会出现"运动型地板""电热皮鞋"等让人摸不着头脑的新品类。

既然如此，企业到底应该遵循哪些原则，才能避开品类创新过程中的雷区呢？坚持以下五大原则，相信品类创新之路会通畅很多（图 5-3）。

01 新品类不等于新产品

02 品类名称要通俗易懂

03 引领潮流

直击痛点 04

锁定对手 05

图 5-3　品类创新的五大原则

原则一：新品类不等于新产品

一些发展比较好的企业几乎把时间都放在了研究新产品上，但是企业的这点好钢，并没有用在刀刃上，新产品和新品类是有本质区别的。

从二者的关系上来说，品类大于产品，新品类一定要有新产品，但是新产品不一定产生于新品类。为了便于理解，我来举个例子。花王开发的蒸汽眼罩可以说是新品类，但是花王如果接着开发充电式蒸汽眼罩，或者中药蒸汽眼罩，其就不算新品类，只能算是新产品。

一个新产品最终能不能成为新品类，决定权在消费者手上。假如消费者觉得你的产品和现有的品类是有本质区别的，并且认可你的存在，就可以成为新品类。

所以说，新品类和老品类在某种程度上是平起平坐的关系。站在竞争的角度上来看，要么新品类逐渐代替老品类，要么就和老品类不分上下。

原则二：品类名称要通俗易懂

消费者都是普通人，既不是科学家，也不是哲学家，所以新品类的命名一定要坚持易记、易懂、易接受的原则。

王老吉凉茶起初并不叫凉茶，叫作植物饮料。当王老吉定位于植物饮料的时候，销量一直上不去。但是后来王老吉将品类名称改为凉茶后，销售情况才发生了根本的变化。

因为，植物饮料这个名称不太好理解，让消费者对产品的性质难以把握。但是凉茶这个名字就很通俗易懂了。广东地区大部分人都有喝凉茶的习惯，这个名称对于消费者来说非常容易理解。

原则三：引领潮流

一个新品类要想获得成功，就要让消费者意识到它的确是个新东西，并且在将来人人都离不开，可以说，新品类是在为未来代言。

"电热皮鞋"的确是个新东西，但是在未来真的会被广泛使用吗？我看未必，这就是"电热皮鞋"会失败的原因。

现在很多学生都喜欢买电子书，把需要读的书和想要读的书全部下载到电子书里，妈妈再也不用担心孩子上学书包沉了。

这里的电子书就是一个新品类，虽然电子阅读器的重量还不到 500 克，但是却能装下 500 公斤实体书的内容。所以，现在很多学校都开始鼓励学生使用电子书，代替纸质书。

原则四：直击痛点

一个好的品类名称，要让消费者一目了然，让消费者对新品类的功能、性质有清晰的认识，并直击消费者痛点。

在生活中，我们经常看到一些直击痛点的品类名称，比方说"排毒养颜胶囊"，这个品类名的指向性就很明确，消费者一看就知道这是什么东西，有什么功能，自己到底需不需要。假如生产它的企业把名字改成"综合调理胶囊"会怎么样呢？答案已经呼之欲出了，就算还是原来的配方，还是原来的功能，销量一定不如"排毒养颜胶囊"。

而一个反面案例就是"情绪饮料"，什么叫"情绪饮料"，是喝了能让人开心吗？还是可以调节情绪？这个名称并没有戳到消费者的痛点。

原则五：锁定对手

在前面的章节里我提到过，新品类要么超过老品类，要么就和老品类平起平坐。意思就是，一个成功的新品类必须有一个明确的目标。

比如，伊利有机奶打的是普通高端奶，智能手机打的是键盘手机……这些都是新品类打老品类的经典案例。

如果一个新品类连自己的对手是谁都不知道，或者对手选择不恰当，可能会陷入卖不出去的尴尬境地。曾经有一个叫作"晚上好奶"的新品类，后来以失败告终了。因为其虽然是新品类，但却不知道自己的对手是谁，自己的定位也不太清晰，最终只能无疾而终。

所以说，一个连竞争对手都没有的新品类是不可能有多大的发展潜力的，一个连对手都不屑一顾的新品类更不可能发展成为市场蓝海。

有一点大家要注意，并不是所有的新品类都是技术导向型的，开发新品类有很多种途径，比如说消费者的生活状态、消费习惯等。挂面行业领导品牌陈克明曾经开创过一个叫作"五谷养生面"的新品类。从专业的角度来说，这个新品类对企业的技术要求并不很高，但是从消费需求来看，它确实可以引导一个新的消费趋势。因为，多吃五谷杂粮有益健康，现在消费者普遍追求养生，这很符合市场的发展趋势。

通过对多个品类创新案例的分析，我觉得，大多数企业都面临着业务转型，而想要成功转型，就不得不开始品类创新。

假如你把握不好品类创新的基本原则，就很难在创新之路上有什么起色，甚至还会让自己陷入泥沼，无法自拔。

4．品类创新，怎么做才能成功

开创新品类只是一个手段，企业的核心目的是成为品类代表者，在消费者心里形成无可取代的地位，甚至通过品类延伸，打造专家品牌，巩固自己的竞争地位。

把握品类创新的基本法则有助于企业在实施品类创新战略时不走偏路。但要想真正成功地实施品类战略，企业须将法则与具体方法相结合。

根据多年为企业做投资的经验和实践，我总结出以下五个品类创新的具体方法（图5-4），希望能帮助企业成功实施品类战略，从而为企业的业务转型助一臂之力。因为，为企业家的品牌导航一直是我肩负的使命。

图 5-4　成功实施品类创新的五大方法

技术创新

开创一个新品类最直接的方式就是技术创新，而技术创新又分为两种情况。

（1）技术革命

比如通用电气（GE）就是通过技术革命开创新品类的，GE 的创始人是大名鼎鼎的发明家爱迪生。众所周知，爱迪生是电灯的发明者，GE 借助这一无与伦比的优势，逐渐发展成为一个强大的品牌。GE 的这种方式很难被模仿，因为对于企业来说，技术革命不是一蹴而就的事情。因此，很少有企业能够通过技术革命的方式开创新品类。

（2）技术革新

和技术革命不同的是，技术革新只是在原有的技术上进行升级或者改良，这对大多数企业来说就容易得多。

纯果乐就是个很典型的例子。最开始，这家公司以卖礼装橙子为主，后来又推出了浓缩果汁，但是这个市场早就饱和了，纯果乐这个时候进入，也不过就是凑个热闹而已，一直没什么大起色。

但是纯果乐并不满足于现状，通过研究，其发明了巴氏瞬间灭菌法。通过这种方法，果汁的保质期能够延长到3个月，并且口味保持不变。有了这项新技术的加持，纯果乐把所有的资源都放在新鲜非浓缩果汁的推广上，结果大获全胜，果汁市场发生了翻天覆地的变化。直到今天，纯果乐依然是全球鲜果汁市场的领导品牌。

对比第一品牌，做行业黑马

只要我们仔细观察就会发现，很多新品类的出现都是以品类中第一品牌为参照物定位的。

通过对比的方式开创新品类，其实是一种差异化战略，是以大品牌为聚焦点定位新品类的胜出方法。它意味着我的产品跟你的不一样，有区别。

在这个方面，乐源果粒橙就值得我们学习。乐源果粒橙一直存活在美汁源果粒橙的阴影之下，因为它看起来就像是美汁源的克隆体，美汁源干什么它就干什么，因此一直都表现平平。但是突然有一天，乐源果粒橙崛起了，成为果粒橙品类的第二大品牌，它是怎么做到的呢？

乐源受够了美汁源的压迫，决定彻底摆脱"小跟班"的形象，于是乐源开始了品类创新战略。通过对比，乐源决定，既然美汁源做小果粒，那我们就做大果粒。你们"喝前摇一摇"，我们"喝时嚼一嚼"，品类特点一下就凸显出来了，立刻受到了消费者的追捧，销售成绩也急转而上。

通过对比实现品类创新，目的很简单，就是要吸引消费者的注意力。

但是有一点企业需要注意，就是在选择对比对象时，一定要以品类中的领导品牌为目标。如果不是领导品牌，基本就没有对比的意义了。

除此之外，企业还可以以消费者为对象进行对比，比方说性别、年龄、喜好等都可以作为定位元素。

怎么判断新品是否适合以对比者的角色出现呢？我们可参考表5-1的方法。

表 5-1 新品类是否适合以对比角色出现评判表

参考项目	是	否	评分标准
是对比品牌，产品卖点和强大竞品卖点是对比关系			
是挑战品牌，消费者消费时和对比品牌产生联想			
行业销量第二			
销量≥第一品牌的二分之一			

这四个参考标准，分别代表了目标发展产品的四种潜能。

第一，对比品牌：对手的市场有多大，你的市场就有多大。

第二，挑战品牌：对手的市场地位决定你的市场地位。

第三，行业销量第二：最后可能超越第一，最有可能成为行业黑马。

第四，销量≥第一品牌的二分之一：差距不大，容易赶超。

品类切割，抓细分商机

随着消费者的需求越来越细化，这就意味着企业的商机越来越多。

就拿白酒来说，最初市场上只有四种香型的白酒——酱香型、浓香型、清香型、米香型。随着工艺、科技的进步，加上市场的需求，又出现了很多其他的香型，统称为其他香型。每一个新香型的出现，都是一个新机会。这就是品类切割，把一个大品类细分成很多小品类。

通过品类切割的方式，企业的市场定位越来越精准，从而更容易在这个品类中脱颖而出，成为佼佼者。蚍蜉撼大树，也能成为现实。

通常聚焦新产品的品类切割战术有以下 5 种方法：

第一，感情切割。

同样的产品可以卖出不同的感情。营销的竞争，不是看谁的产品卖得更好，而是看在消费者心目中，谁的分量更重。通过品类切割，可以让消费者看到产品的另一面，产生不同的消费体验。比方说哈根达斯，单凭一句"爱她就请她吃哈根达斯"的广告语，品牌层次就不一样了。

第二，类别切割。

俗话说，惹不起躲得起。比方说功能饮料基本上被"红牛"垄断，那你就不做功能饮料了，可以做运动饮料。

第三，市场切割。

迅速转换强弱关系。比方说"露露"，主推大瓶饮料，主打餐饮行业。

第四，品牌切割。

激发品牌和消费者在情感上的共鸣，挖掘隐性价值，比方说"农夫山泉有点甜"，海尔的"真诚到永远"，等等。

第五，人群切割。

就是对目标消费者进行细分。比方说你的产品是针对儿童市场还是青少年市场？是针对老年人还是年轻人？

我们把以上五个条件列成表 5-2，通过评分确定是否适合通过品类切割来开创新品类。

表 5-2　通过切割品类创立新品类判定表

参考项目	是	否	评分标准
感情切割			"是"得 1 分
类别切割			
市场切割			"否"减 1 分
品牌切割			得分相加 ≥ 4 分的产品可以考虑
人群切割			

最后，还应该强调一点，在进行品类切割时，一定要把竞争条件放在首位，根据具体情况对市场进行切割，从而更精准地确定市场，取得有利的竞争地位。

把握新趋势，开创新品类

如今的社会是一个高速发展的社会，新的问题不断产生，也在生出很多解决问题的方法。环保问题、肥胖问题、全球变暖问题……每个新概念都为创新品类建立了基础。比如，应对肥胖，有了零脂肪食品；应对环境，有了环保可降解材料；应对气候变暖，有了低碳低氟电器……

曾经，金威啤酒做了一次很大规模的广告，宣传核心就是自己的啤酒不含甲醛。其实这是一个非常好的发展新品类的机会，"无醛啤酒"一定会成为一个爆品。金威啤酒原本可以通过这一机会迅速摆脱普通啤酒的身份，成为无醛啤酒的领导品牌。然而，金威啤酒最后还是被淹没在滚滚商海中了。

为什么呢？因为它缺乏品类创新意识，编了一句"不添加甲醛，添加时尚"的广告语，丝毫没有展现出自己的独特性，最终还是被打回原形。

开创"市场中有，心智中无"的新品类

有这样一句笑谈："三条腿的蛤蟆难找，两条腿的男人还不好找吗？"对于企业来说，消费者心目中没有新品类，就如同两条腿的男人，比比皆是。这种新品类有两种情况：一种是许多新品类已经由企业推向市场，但是由于发展初期企业投入不足，加上后期的推广方法不合适，导致新品类被埋没；第二种情况是新品类已经出现很久，但是在消费者心目中没有代表品牌，比方说浪莎可以说是女袜的代表，可是男袜呢？

严格来说，这个方法不是在开创新品类，而是教会企业如何在既有品类里抢占先机，占据消费者心智。

在这一点上，喜之郎就是个很好的例子。

果冻并不是喜之郎发明的，甚至在喜之郎上市以前就已经有很多果冻品牌存在了。喜之郎的机会在于，虽然目前市场上的果冻品牌很多，但是没有一个在消费者心里占据独一无二的地位，这就是典型的"市场上有，心智中无"。

喜之郎之所以能够迅速发展起来，最重要的原因是它树立了鲜明的品牌形象：一个与众不同的名字、一个与众不同的卡通形象。其实，果冻的原产地是日本，再加上一个日本味道浓厚的品牌名，让消费者觉得喜之郎的果冻更正宗，加上后期的大规模广告宣传，让喜之郎一炮而红。

喜之郎的广告词非常言简意赅："果冻我要喜之郎！"这句广告词并没有什么特别的地方，但是简短的话语传递给消费者的信息却很明确。这就是喜之郎的成功秘诀。

到此为止，关于品类创新的具体方法你已经知道了很多，但你知道以上介绍的内容中最重要的是什么吗？

答案是——立即行动起来，用实践去检验真理。成功实施品类创新并不是一件难事，行动起来，越早越好！

5. 如何规避新品类市场风险

创新总是与风险相伴而生的。创新是对原有东西的突破和对新目标的追求，其间必然包含着许多不确定因素，因而具有较大的风险。品类创新也不例外。那么，应该如何规避新品类的市场风险呢？

风险一：消费者的需求有真有假

在进行品类创新时，企业不能凭空想象消费者的需求。消费者的需求需要企业通过全方位的调研去感知。假如消费者没有需求，那么就算你创新的品类功能再强，性价比再高，也得不到消费者的青睐。

不信的话，我们一起来看看 TCL 的案例。

TCL 曾经大力推广过一个叫作 HiD 的新产品，全称叫作"家庭信息接收和处理显示中心"。这个东西是干什么的呢？TCL 是想通过这个产品让电视机也能上网。这就是典型的伪需求，因为对于现在的消费者来说，都是客厅一个电视，卧室一个电视，恨不得在卫生间里都装一个电视，但是 TCL 却偏要跟消费者唱反调，研发一个新品类，让消费者在客厅里又看电视又上网，哪有人愿意呢？最后以失败告终，几千万的投资也打了水漂。

还有人说索尼创造了随身听，所以人们才有了需求，这完全是在颠倒是非。人们本来就有听歌的需求，只是以前的录音机体积太大，不方便携带，只能固定在一个地方听。那时的新新人类想要边走边听歌只能抱着录音机到处跑，这也是几十年前街上的一道风景线。并不是有了随身听，消费者才有了需求；而是消费者有了需求，才诞生了随身听。

辨别消费者的需求是真是假，掌握以下三点就行了（图 5-5）。

图 5-5　辨别消费者需求的三个要点

（1）新品类和旧品类在需求上和功能上要有一定的延续

新品类和旧品类在需求上和功能上要有一定的延续，不能完全脱离，这样可以节省宣传的成本。产品可以新，但是需求不能新，消费者本来没有需求，但是你非要创造需求，那就是没事找事了。

后来出现的 U 盘，在功能上延续了以前 3.5 寸软盘的存储功能，但是在外观和内存上升级了，消费者一看就会，根本不用教。

（2）搞清楚消费者到底需要什么

消费者要买 7 号电池，是因为现在的遥控器越来越小巧，装不下 5 号的了；化妆品卖的不是瓶子里的乳液和精华，而是美丽和青春。如果连这个问题都没有搞清楚，定会犯片面性的错误。在旭日升冰茶和统一绿茶出现之前，已经有企业开始推广茶饮料了，但是它们为什么没有知名度？因为犯了一个错误，把饮料装在易拉罐里，消费者一看：我是喝饮料，又不是喝罐子，包装都比茶水贵，划不来。如此一来，当然没有人买账了。

（3）传递给消费者的信息，一定要在品类上有所体现

新品类传递给消费者的信息，一定要在品类上有所体现，产品定位要和产品不二之选相符合，不能玩虚拟的概念，比方说"第五季"，品类概念就太抽象了。

风险二：防止跟风，保住自己的竞争地位

俗话说，瘦地无人耕，耕开了有人争。这句话用来形容新品类市场再合适不过了。对于企业来说，最头疼的问题就是，自己开发出来的市场，前期投入了大量的人力、物力、财力，好不容易熬出了头，准备收益的时候，有人来捡现成的。这种情况非常常见，企业需要有屏蔽跟风者的办法（图 5-6）。

01

只要实力允许，市场推进速度要快

02

尽量不要选择那些需要引导和配套设施的品类

03

在技术和产品上时刻做好升级的准备

图 5-6　屏蔽跟风者的三大方法

（1）只要实力允许，市场推进速度要快

只要自己的实力跟得上，新品类开拓之路能走多快就走多快，最好能跑起来。不仅要尽可能多地获取市场份额，还要在消费者心里稳坐第一的位置。否则，一旦竞争对手出现，很容易就让对方捷足先登了。

比方说凉茶，在广州市场，原本的老大是"黄振龙"，但是稍不注意就被王老吉抢了风头，摇身一变成为凉茶领导品牌。其实，品类已经存在不可怕，只要你能逐渐占据消费者心中该品类第一的位置，就不怕被打败。

（2）尽量不要选择那些需要引导和配套设施的品类

假如企业的能力还有待加强，千万不要走当年万燕 VCD 的老路，因为 VCD 需要配套设置。光买个空盒子回去，没有 VCD 看，有什么意思呢？除此之外，像脑白金这样完全创新的品类也最好离得远一点，因为你不仅要宣传，还要告诉消费者怎么用，有什么好处，难度太大。企业要像达利园一样，在进攻全国市场时，选择聚焦蛋黄派这个品类，既不用教，又跟对手好丽友产生了差异，一炮而红。

（3）在技术和产品上时刻做好升级的准备

想成为品类第一品牌，就要在技术和产品上时刻做好升级的准备。当你创新的品类人气节节攀升时，难免会出现跟风模仿的人。作为开创者和领导者，一定要证明自己的血统才是最纯正的。比方说可口可乐，至今都没人知道它真正的配方。

除此之外，还要经常升级产品，比如说喜之郎，它的产品已经没人用"果冻"来统称了，就算改名叫"水晶之恋"也能迅速占据消费者的心。

Part 3 控道——做一家『值钱』的企业

第六章
转型：由"市场经济"迈向"资本经济"

-- 导　读 --

　　我把挖掘企业的强基因称为"寻道"，也是企业的"第一次跳跃"；通过品类战略换到新的赛道上称为"换道"，是企业的"第二次跳跃"；那么企业发展的"第三次跳跃"是什么呢？

　　我认为，由市场经济迈向资本经济的转变便可称为"第三次跳跃"。这是最"惊人的一跳"，需要企业对资本内涵、资本思维、资本路径、资本平台和资本运作技巧进行研究和掌握。

　　因此，我把这"惊人的一跳"称为"控道"。

　　虽然如今是资本经济时代，不管是大企业，还是中小企业，都应该了解并迈向资本。但令我感到遗憾的是，到现在为止，说到资本，很多企业家仍然认为：我的企业离资本还很远。

　　确实，这两年来，新闻和舆论已经把"资本"推上了神坛，这让很多中小企业家认为，只有企业做大做强以后，才有资格迈向资本。事实上，资本并不是一件多么高大上的事，只要抓住资本的核心，掌握资本运作技巧，任何企业都可以迈向资本。

迈向资本，企业才有可能做大做强。

企业经历换道超车后，要在自己的赛道上做游戏规则的制定者，就要以市场为法则，通过资本运作，实现资本倍增。

在资本经济时代，企业要转变思维观念，寻找资本路径，选择资本平台，通过资本运作，由"市场经济"迈向"资本经济"，在资本市场撬动资本，充分运用资本杠杆的力量，让资本带着企业一起飞。

那么，企业到底应该如何由"市场经济"迈向"资本经济"呢？

1. 资本秘密：企业为什么要迈向资本

在给企业做投资的过程中，我经常会碰到一些想要颠覆资本市场的企业，这些企业虽然拥有很好的资源，却因为思维观念固化，不懂得借助资本的力量，只是依靠自己缓慢发展，结果没过多久，蓦然回首，发现自己已经被行业"小弟"赶超，成了"灯火阑珊处"最弱的"灯火"，而且随时会熄灭。

当危机来临的时候，这些企业才急匆匆地走进"资本经济"，妄图赶上最后一班车。CSR 就是这样一家企业。

CSR 创建于 1999 年，历经 12 年的发展，到 2012 年，同类产品在全国也是寥寥无几，因此 CSR 一直毫无悬念地稳坐湖南省机械行业的第一把交椅。可从 2016 年开始，CSR 却突然被一家原来在行业中排名第五的 CF 机械公司超越。

说起 CF 公司，也算是行业中的一个传奇了。这家企业成立于 2001 年，比 CSR 晚了两年。这两家企业的经营项目几乎相同，都是在省内做机械制造。可让人感到费解的是，CF 为何能在短短的几年时间里成功超越行业标杆企业 CSR，还成功登陆资本市场，成为创业板的第一牛股？详见图 6-1。

究其原因，故事还要从 PE 投资说起。2011 年，一家 PE 投资机构看上了 CF 机械公司，并分别于 2011 年、2012 年购得 CF 公司 180 万股和 210 万股。这次与资本合作，CF 用股权融资了近 5000 万。这 5000 万的融资对于 CF 的发展来说，无疑是暗室逢灯。

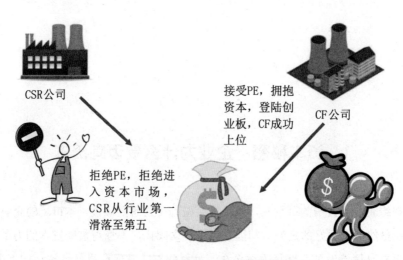

图 6-1　CSR 公司和 CF 公司发展趋势

　　CF 迅速由市场经济迈向资本经济，不仅在全国开辟了自己的渠道，还将自己的企业打造成一个连锁集团。同时，PE 投资机构还推动 CF 进入资本市场，帮助 CF 成功登陆创业板。在资本的推动下，CF 不断进行扩张，在三年之内便成功爬上了湖南机械行业龙头老大的位置。

　　事实上，这家 PE 投资机构最开始看中的是 CSR 公司，不仅这一家 PE 机构，有好几家投资机构都看中过 CSR 公司，但 CSR 却固执地认为：如果迈向资本市场，股份就要被投资机构稀释。CSR 认为企业当时的利润可观，一步一步地发展是最好的。所以，根本没有把资本当回事。

　　可时至今日，悔之晚矣。

　　像 CSR 这样的企业并非个例。如今是一个资本时代，这是谁都知道的事，但知道并非认同。思维固化、对资本不了解、不知道如何走进资本市场是很多企业不愿迈向资本经济的核心原因。

　　卖产品是做加法，而卖股权是做乘法，这就是资本市场的秘密，也是 CF 上位、昔日的老大 CSR 落后的原因。

　　企业要做大做强，最好的转型路径就是迈向资本。那么，企业为何要迈向资本呢？这是主要归于以下三大原因（图6-2）。

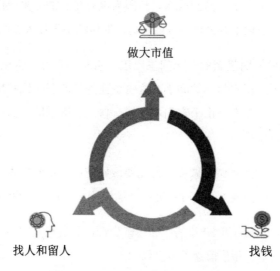

图 6-2　企业迈向资本的三大原因

原因一：找钱

我们都知道，企业要做大做强，是否有足够的资金支撑是关键所在。资金，就好比是企业的血脉，不仅能让企业一直生存下去，还能让企业不断成长。但企业应该去哪儿找钱呢？

答案就是：资本市场。

第一，关注产品经营，只能把企业做强；迈向资本，才能把企业做大。

在如何找钱的问题上，我发现很多企业老板都存在这一误区——企业只要把产品做好了，卖好了，企业就会做大做强。不可否认，企业把产品做好了、卖好了，确实能让企业获取利润。但一味地关注产品经营，只能把企业做强，但却不能把企业做大。只有懂得迈向资本，才能把企业做大。

任何一家企业，只要用心，经营到一定程度，都能积累一定的资源和影响力。此时，如果企业能够借助资本的力量，提升企业的效率和价值，就可以实现跨越式发展。

反之，如果企业仅仅依靠产品经营来做大做强，就好比是一个人明明有了快跑的技术和能力，可以迅速冲到终点，却因为没有足够的力量而选择慢悠悠地走路，目睹一个又一个竞争对手超越自己。这样的做法不无让人捶胸顿足。

纵观如今国内的明星企业——阿里巴巴、京东、百度、腾讯、联想、小米、滴滴……哪一个不是资本运作的高手？这些企业为何能在缺钱的情况下还能迅速扩大，做大做强，一方面是由于它们本身拥有自己的强基因，另一方面是因为它们都是资本运作的高手。

所以，一个企业要想做大做强，首先要做好产品，得到资本的认可，然后通过资本运作，让自己获得大的投资来促进产品经营。这是一个良性循环。

上面的 CSR，已经有近 20 年的产品运营资源，利润也是非常可观的，如果能抓住机遇，迈向资本，相信前途不可限量。

第二，股权融资就是印钞机。

在如何找钱的问题上，很多企业常常首先会想到向银行提供担保、抵押。但是这条路并不好走，尤其在当前紧缩的货币政策环境中，向银行借钱实在是难上加难。另外，我发现还有一些企业为了生存下去，甚至向高利贷借款。这样做的唯一后果就是企业赚取的利润都被填到高额利息的黑洞中，老板最终落得破产跑路的下场。

事实上，对于已经有盈利能力的企业来说，完全可以利用资本市场的股权融资来换钱。首先，这是一个不担保、不要抵押、不要利息、不要归还的融资渠道。其次，股权融资金额多半都很大，能很大程度地解决了资金问题。

可以毫不夸张地说，对于盈利好的企业，股权融资就是印钞机。

原因二：找人和留人

资本市场中有一句经典名言：投资第一是投入，第二是投入，第三还是投入。一家企业，最核心的资源是人才，尤其是企业悉心培养的核心人才，往往是支撑企业进行产品经营和资本经营的基石。只有懂得把人才当作企业最大的资源，企业才能够持续经营，基业长青。由此，吸引和留住核心人才便是企业做大做强的关键所在。

那么，如何吸引和留住核心人才？

答案还是迈向资本。股权激励是吸引和留住核心人才的"金手铐"。

在我做企业投资的这几年里，前前后后服务过100多家企业，发现很多不愿迈向资本的企业都把股权视为命根子，认为工资、奖金及各种福利待遇就能激励人才。确实，这些外在的东西能在短期达到效果，但随着人才的成长，越来越多的企业会盯上你悉心培养的人才，你的这些东西其他企业也能给，这时你又该怎么留住他们呢？

此时留住人才唯一的方法就是股权激励，将企业的利益和人才的利益捆绑在一起，将核心人才变成企业的股东或老板，一起共享成果，共担风险，企业才有凝聚力，上下齐心，才能齐力断金。

所以，企业要有资本思维，认识到股权激励作为一种长期激励机制的价值。股权激励犹如"金手铐"，可以将员工变成企业的股东，让核心人才分享到公司的利润，并与企业共同成长。

原因三：做大市值

稍微留心一下，你就会发现，那些富豪排行榜上有名的人都有一个共同点：他们的资产大多来源于股票。所以说，企业一旦上市，可以给创始人和企业带来双重收益。

我来合算一下：如果作为老板的你持有企业30％的股权，在这个企业上市之前，其总股份有2亿，企业总资产为5亿元，负债为2亿元，净资产为3亿元。通过预算得知，企业下一年的盈利能力大概在2亿元。那么，你手里持有的30％的股权价值为3亿元×30％=0.9亿元。

你的企业通过进入资本市场，最后终于顺利上市。上市后，企业发行了1亿股股票，假定每股下一年盈利0.5元，按照市场20倍市盈率来计算，每股的发行价为 0.5 元 ×20=10 元，这样就能募集资金 10 亿元。

此时，你的企业整体市值为总股本 × 每股价格 =3 亿股 ×10 元／股 =30 亿元。

这样，你企业的资产从上市前的 3 亿元，瞬间飞升到上市后的 30 亿元，资产出现了大涨。

而对于持股 30% 的你来说，其持股的股票账面价值也水涨船高，出现了大的增长，价值为 30 亿元 ×30% =9 亿元。

这是原始股东最希望看到的情况，所以，迈向资本市场能够做大市值。

总结上述，我们发现，企业之所以要迈向资本，是为了找钱、找人和留人、做大市值。相信这些理念会帮助你从市场经济迈向资本经济。这并不是什么不可思议的事情，告诉自己，你可以的。

不过，这里的关键点是，你要明确，你的企业将来要如何发展？即你要清楚"你的企业为什么迈向资本"这一目的。如果没有想清楚"为什么"就动手，单纯地为了资本而找资本，那是无法产生实际效果的，恐怕过一阵子就会被打回原形。

现在就好好想想，你为什么要迈向资本？

2. 资本思维：从产品市场到资本市场的核心

我的一位合伙人曾经给上海一家企业做过投资，基于保密性，我暂且叫它为 SMT 公司。SMT 从 3.8 万元起家，经过十几年的时间，净资产规模超过 380 亿元，增长超过 100 万倍。SMT 是如何保持如此高速增长的呢？

答案只有一个：SMT 成功与资本市场联姻。

1999 年，作为上海第一家登陆资本市场的民营企业，SMT 募集了 2.8 亿元的

资金，让 SMT 创始人瞬间感受到资本市场的魔力。

SMT 自此找到一种全新的发展模式，开始到处寻找投资机会，通过股权投资参股或控股，持续收购有潜力的优秀公司，并推动这些公司登陆资本市场。经过 18 年的发展，到 2017 年，SMT 已经成为中国民营综合类上市公司排头兵，旗下控制了 7 家上市公司。仅控股的这 7 家上市公司，通过股权融资，就为 SMT 带来了 250 多亿元的低成本、低风险的优质资金。此外，SMT 共参股超过 37 家企业。

从 2015 年开始，SMT 加快探索新的业务方向，开启了私募股权投资与金融服务，甚至专门成立了私募股权基金管理公司，采用"股权投资 + 产业投资"的方式发展。

迄今为止，SMT 旗下管理资产超过 1500 亿元，并越来越明确了自己的定位——投资集团。

有了如此稳定、众多、庞大的资金来源，如何保证这些具有巨大潜力的事业能够蒸蒸日上呢？

这就涉及人才的问题，SMT 一直推崇"让专业的人做专业的事情"，那么如何吸引并留住这些专业的高精尖人才呢？

针对这一点，SMT 也懂得借力资本市场，亮出了自己的绝招。除了为自己招募的人才提供具有市场竞争优势的薪酬之外，SMT 还充分利用了股权激励这个"金手铐"。

SMT 内部就有一套虚拟股权计划，正因为如此，在地产行业普遍离职率超过15% 的情况下，SMT 的核心团队稳定性非常高，即使普通员工，离职率也仅仅保持在 6%～7%，还不到行业离职率的一半，这一切不得不归功于其有效的股权激励制度。

2016 年 9 月，SMT 再次公布了激励计划草案：公司将针对公司高管及骨干，向激励对象授予境内上市内资股共计 403.5 万股，约占公司当前股本总额的 0.18%。

由此可见，SMT 深谙资本市场的游戏规则。

企业为什么要迈向资本？SMT 的做法已经回答了这个问题：资本市场是一个为企业提供资金、人才、资源的平台。

因此，企业要想像SMT那样迅速做大，关键就是要读懂资本市场的核心逻辑，睿智地将眼光投向资本市场。

不得不说，资本市场具有巨大的魔力，只要你掌握了它的咒语，懂得它运作的游戏规则，就能得到自己想要的。

那么问题来了，企业应该如何从产品市场进入资本市场呢？

什么是资本思维

思维决定作为。企业要迈向资本市场，企业家首先要拥有资本思维。SMT 之所以拥有如今强大的实力，最大的原因也在于企业经营者拥有强大的资本思维。

那么，什么才是资本思维呢？

要知道什么是"资本思维"，我们首先要对什么是"资本"进行剖析。对于资本，不同的人有不同的理解，就像一千个人眼中有一千个哈姆雷特一样。我的结论是，任何可以给你带来增值的东西，都能称为资本。

说到这里，肯定有的企业家会说："钱能带来增值，那是不是所有的钱都是资本呢？"

当然不是！

我举个简单的例子来说明一下：房子是由砖头砌成的，那是不是砖头也能叫作房子呢？同样的道理，资本是由钱构成的，但钱却不能算是"资本"。那么，资本和钱主要有什么区别呢？我总结如下（图6-3）：

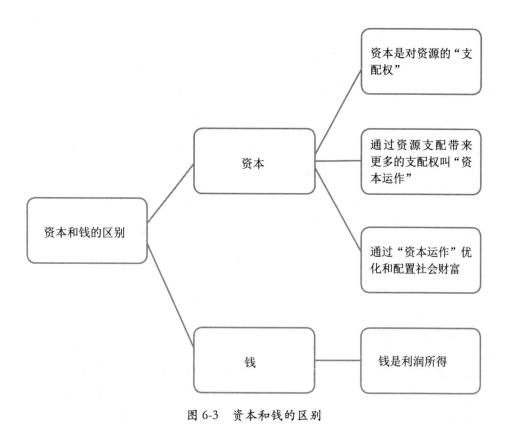

图 6-3　资本和钱的区别

通过比较"资本"与"钱"的区别，我们就很容易知道，资本思维的精髓是结构重组，即天下财为天下人所取和所用，这关乎如何取天下财和如何用天下财的问题。正确地对待财富，正当地追求财富，合理地使用财富，才是正确的资本思维，是我们应该做的事情。

企业家如何构建资本思维

知道了什么是资本思维，那么企业家应该如何构建资本思维呢？通过近几年对企业的投资及研究，我认为，要从杠杆思维、市值思维、协同思维这三个梯度来构建资本思维（图6-4）。

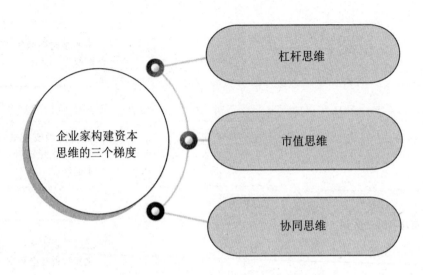

图 6-4　企业家构建资本思维的三个梯度

第一，杠杆思维。

杠杆思维来源于阿基米德那句名言："给我一个支点，我就能撬起整个地球。"换句话说就是，以小的资本撬动大的资本，以获得更多的收益。简单地说，就是负债经营。这样的思维方式可以弥补创业企业资金的缺陷，做到先发制人，成功抢占市场。

如果你的企业净利润达到 20%，而你自己拥有的资本投资是 1000 万元，你就能获得 200 万元的净利润。如果你融得 4000 万元，举债的利益率为 10%，你需要支付 400 万元的利息，但这 4000 万元却能为你带来 800 万元收益，减去 400 万元的利息，你还能获得 400 万元的净利润。

这就是杠杆思维产生的效果。一流企业和二流企业的区别，就在于企业家能不能运用杠杆思维。

当然，在利用杠杆思维时一定要权衡企业的负债率。如果企业的经营利润率高于负债成本时，可以适当加大负债经营的比例；如果负债过重，导致企业无力偿还，则会直接导致企业现金流断裂。

第二，市值思维。

市值思维比杠杆思维要更进一步，所谓市值思维，就是依靠企业的资本价值来进行扩张。但是，在现实中，很多企业家却对自己企业的资本价值感到困惑。有的企业家是这样计算自己企业的资本价值的，即企业总资产除去负债以后的资产净值的价值。很显然，这样的思维是错误的。

我举个简单的例子，相信你一听就能明白。什么是企业的资本价值？比如，你的企业有1亿元的净资产，但这1亿元并不只值1亿元，因为你企业每年的净利润有3000万元。如果按照10倍的市盈率来计算的话，你的企业可以卖到3亿元。

市值代表了企业未来的赚钱能力，优秀的企业家都不会认为企业的资本价值是虚的，关于这一点，坊间流传这样一个关于华人首富李嘉诚的故事。

有一次，李嘉诚宴请公司的客人。吃完饭结账的时候，李嘉诚从自己的钱包里掏出2万港币买单。在场的人都不明白他为何要这样做，他说道："如果这顿饭由我的公司买单，那么公司就多了2万元的支出费用，相应地，净利润就少了2万元。按照现在股市30倍的市盈率来计算，我的企业市值无端少了60万元。"

第三，协同思维。

协同思维，是指以各业务间金融资源调配、内部融资为目的的资本运作。纵观如今处于行业顶端的企业，它们都有着这样一个共同点：总部能够掌控金融资源的内部配置，通过不同业务的组合可以重新分配现金流与投资，并且获得比公开资本市场更高的效率。

比如，阿里巴巴公司采用的多元化战略，并不是多元化经营，而是多元化投资。进行多元化投资，如果投资失败，只会给投资人的投资收益带来影响，却不会影响公司的现金流。多元化经营却正好相反。

反观现在，赚钱的野蛮时代已经过去，未来是拼真本事的时代。在商业竞争越来越激烈的今天，企业家要转变自己的思维观念，运用杠杆思维、市值思维和协同思维来构建资本思维。迈向资本市场，才能把企业做大做强，造就一家"值钱"的企业。

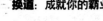
3. 资本运作：让资本带企业一起飞

京东，2004 年市值仅仅为 3000 万元。然而，经过 10 年的发展，到 2014 年，京东的市值达到 1255 亿元，增长了 4000 多倍，创造了中国电子商务的奇迹。10 年的高速增长，京东在电商大潮中辟出自己的发展之路，也因此获得了资本的青睐。

2014 年 5 月，京东在纳斯达克正式挂牌上市，开盘价为 21.75 美元，市值达到 297 亿美元。

京东资本倍增的秘诀在于：充分利用了资本市场的新玩法，改写了电商的竞争格局，最终以后来者居上的姿态笑傲江湖。那么，京东是如何玩转资本的呢？

通过对京东的研究和调查，我认为京东之所以能让资本倍增，主要源于以下三大运作技巧。

首先，采用优先股策略。京东早期的三轮私募属于"夹层融资"，这是一种长期融资方式，性质介于股权融资和债权融资之间，具体条款由投融资双方灵活商定。

关于京东的这三轮融资，我做了表 6-1，供大家参考阅读。

表 6-1　京东早期的 A、B、C 轮融资

融资（轮）	融资时间	融资方式	投资方	融资额
A 轮	2007 年 3 月	发行 1.55 亿 "A 类可以赎可以转优先股"，附带 1.31 亿份购股权	今日资本	1000 万美元

融资 （轮）	融资时间	融资方式	投资方	融资额
B轮	2009年1月	发行2.35亿"B类可以赎可以转优先股"	今日资本、雄牛、梁伯韬	2100万美元
C轮	2010年9月	发行了1.78亿"C类可以赎可以转优先股"	高瓴资本	1.38亿美元

通过以上三轮融资，京东获得了高达1.69亿美元的资本。而这三轮融资里，创始人刘强东使用了优先股策略，牢牢地把企业控制权握在自己手里。当然，投资人之所以接受刘强东的优先股方式，也是有条件的。比如，投资人要无比看好刘强东，还要监督京东的业绩和资金使用情况。事实是，京东以傲人的业绩，让投资人心甘情愿地为其拿出了1.69亿美元。

其次，投资人排他性策略。优先股策略虽然不错，可是，这种方式的融资额是有限度的。于是，京东在2011年开始发售普通股融资。累计发售8亿普通股，获得18.57亿美元现金。

在这样大规模股权融资的过程中，刘强东采用了投资人排他性策略，将投票权授予他的两家BVI公司。经过几番博弈，京东在上市前，通过BVI公司控制了13.75亿股投票权，占比55.9%，以微弱的优势又一次地保住了控制权。

最后，双层股权结构。在京东上市前，一些投资人不愿将投票权授予刘强东。上市后，11家投资机构将收回7.96亿股的投票权，加上京东将要发售1.38亿新股，这样算下来，刘强东手里对京东的占股比例只有20.5%。

这时，刘强东巧妙地采用了双层股权结构。所谓双层股权结构，就是京东上市后，刘强东持有的5.65亿股将转为B类股票，每股有20份投票权。其他新旧投资人持有的都是A类股票，每股有1份投票权。至此，京东实现资本倍增。

京东资本倍增的例子再次印证：经营一家企业，从本质上来说，就是资本与产业的结合。有的企业借助资本，实现了一飞冲天的梦想，创造了商业神话；有的企业和资本牵手后，却矛盾不断，经营受阻，最终不得不分手。要想与资本完成一段优美的舞姿，关键是把握趋势，懂得资本运作，如此才能最终实现资本的倍增。

资本运作的意义

拥有资本思维只是第一步，懂得资本运作才是关键。企业家要想把企业做强做大，完全依靠产品获得的利润总是有限的，学会资本运作才是企业做大做强的关键所在。所以，企业必须要了解资本运作的概念，熟悉资本运作的模式，积极探索资本运作模式的创新。只有这样，才能实现资本的跳跃性增长。

资本运作又称资本运营，指的是利用市场法则，通过资本本身的技巧性运作或资本的科学运动，实现价值增值、效益增长。资本运作不同于生产制造、库存管理、产品营销、市场开拓等传统意义上的经营活动，而是着重于企业资本项下的活动，比如上市、融资、企业兼并、债务重组等。

也就是说，资本运作就是利用资本市场，通过买卖企业和资产而赚钱的经营活动。

资本运作的两大模式

按照资本运作的方向，我们可以把企业的资本运作分为以下两种模式（图 6-5）。

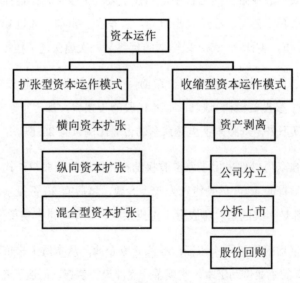

图 6-5　资本运作的两大模式

第一种：资本扩张。

资本扩张是指在现有资本结构下，通过内部积累、追加投资、兼并和收购等方式，实现企业资本规模的扩大。根据产权流动的不同轨道，可以将资本扩张分为三种类型，即横向扩张、纵向扩张、混合扩张。

第二种：资本收缩。

资本收缩是指企业把自己拥有的一部分资产、子公司、内部某一部门或分支机构转移到公司外，从而缩小公司的规模。这种方式针对公司总规模或主营业务范围而进行的重组，根本目的是追求企业价值最大、提高企业的运行效率。

收缩型资本运营是扩张型资本运营的逆操作，其主要实现形式有四种，即资产剥离、公司分立、分拆上市、股份回购。

资本运作的特点

与企业的产品经营运作过程不同，资本运作是一个复杂的系统工程。如果对它的特点进行概括的话，可以归纳为以下三个方面（图6-6）。

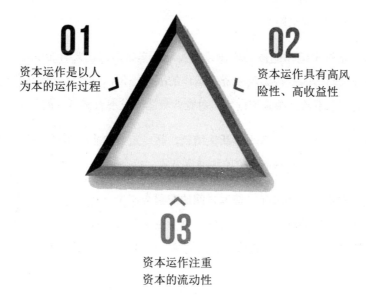

01 资本运作是以人为本的运作过程

02 资本运作具有高风险性、高收益性

03 资本运作注重资本的流动性

图6-6　资本运作的特点

第一，资本运作是以人为本的运作过程。

资本运作最重要的因素是人。我可以肯定地说，在资本运作中，人才比技术更重要。有很多企业家认为，想资本运作成功要不断地追求新概念、新项目、新市场。这是一种错误的观念。不管什么样的资本运作，最重要的都是人。投资人投资你的企业，就是投资你和你的核心团队。同样，你做投资，也是如此。人才是资本运作的第一资本。因而，资本运作成功与否，人的因素是关键。

第二，资本运作具有高风险性、高收益性。

资本运作很大程度上代表一种创新，是新概念、新思想、新方法，这也决定了资本运作的风险性。创新成功，就意味有高收益，创新的风险性和效益性是呈正相关的。所以企业在资本运作的过程中，要认识到创新的风险性，采取措施来减少风险，这是资本运作的核心所在。

第三，资本运作注重资本的流动性。

资本闲置和沉淀是资本运作最大的浪费，资本只有处于流动中才能实现增值。所以资本运作的一切手段都是以资本的流动、盘活沉淀或闲置的资本存量，加快资本周转的过程来展开的。

以上便是资本运作的核心所在。其实，资本的形成，既有企业内部的动因，也有企业外部环境的支持。重视资本运作的战略地位，借鉴成功的运营模式，并在现实的运作中不断地探索和创新，对企业集团的发展有着深远的意义。

因此，企业要想完成资本跳跃性增长，就一定要熟悉资本运作的各个关键环节，同时，还要充分把握企业的各种融资方式，提高企业由强到大的综合能力。

总之，在资本经济时代，资本之间的配置会产生一种驱动力，无数个驱动力就会组成社会前进的动力。这是大势，每个企业都会被卷入其中。因此，应在资本市场撬动资本，充分发挥资本杠杆的力量，让资本带着企业一起飞。

4. 资本平台：选对平台，找到高速成长的入口

企业懂得迈向资本的路在哪里以后，应该从哪里找到"路"的入口呢？换句话说，企业应该如何选择合适的资本平台呢？

在中国的资本市场，根据企业不同的规模，我归纳出适合不同企业的五大资本平台。

平台一：主板（含中小板）——适合大中型企业

上海交易所和深圳交易所均开设有主板交易市场，深圳交易所除主板以外，还开设了中小板。这两个交易所均创建于 1990 年，主要服务于大中型企业的上市融资。截至 2017 年 2 月底，各主板市场上市企业所占比重如图 6-7。

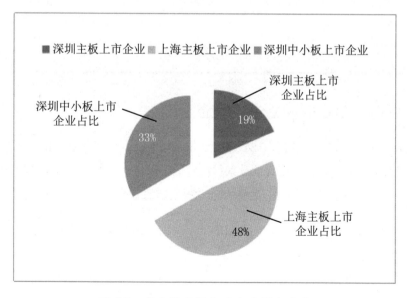

图 6-7　各主板市场上市企业所占比重

那什么样的企业可以登陆主板和中小板市场呢？相较于其他平台，这个平台对于企业的要求最为严苛。

主板对企业的要求如表6-2所示：

表6-2 主板对企业上市的要求

项列	要求
1	持续经营3年以上
2	最近3个会计年度净利润均为正数且累计超过3000万元
3	最近3个会计年度经营活动产生的现金流量净额累计超过5000万元，或者最近3个会计年度营业收入累计超过3亿元
4	最近一期末不存在未弥补亏损
5	最近一期末无形资产占净资产的比例不高于20%
6	行前股本总额不少于3000万元，发行后的股本总额不少于5000万元
7	最近3年主营业务、董事和高级管理人员无重大变动，实际控制人没有变更
8	至少1/3的董事会成员为独立董事

平台二：创业板——适合中小型企业

创业板特指深圳创业板，比较适合于中小型企业。相较于主板和中小板，创业板最大的优势在于盈利指标的准入门槛较低，以免高成长的公司因盈利低而不能上市。截至2017年2月底，在深圳创业板上市的公司一共有599家。

相对主板和中小板而言，创业板的上市门槛宽松不少。创业板对企业的要求如表6-3所示：

表 6-3　创业板对企业上市的要求

项列	要求
1	持续经营 3 年以上
2	最近两年连续赢利，最近两年净利润累计超过 1000 万元，且持续增长，或者最近一年赢利，且净利润不少于 500 万元，最近一年营业收入不少于 5000 万元，最近两年营业收入增长率均不低于 30％
3	最近一期末不存在未弥补亏损，最近一期末净资产不少于 2000 万元
4	发行后的股本总额不少于 3000 万元
5	最近两年主营业务、董事和高级管理人员没有重大变动，实际控制人没有变更
6	具有完善的公司治理结构，依法建立健全股东大会、董事会、监事会以及独立董事、董事会秘书、审计委员会制度，相关机构和人员能够依法履行职责

下面介绍的三个资本平台，哪怕是一家创业型的小微公司，也能从中找到参与资本市场路径的入口。

平台三：新三板——适合小企业

中国的股票市场虽然经过了 20 多年的发展，但是能够上市的企业还只有 3552 家，也就是说，平均每年能够上市的企业才 100 多家，相对于中国 6000 多万家企业而言，能够登陆资本市场的企业不到万分之一。

而新三板平台则很好地解决了小企业资金需求大，但融资难度大、成本高的矛盾，为小企业提供了一个全国性的非上市股份有限公司股权交易的平台，俗称"新三板"。

新三板不同于主板和创业板，不需要经过证监会的核准，在行业协会备案即可挂牌，因此操作难度大大降低。挂牌公司何时融资、价格多少完全由市场主导。当前新三板受到很多成长型小企业的青睐。

相比之前的主板和创业板，新三板的挂牌条件更适合小企业。新三板对企业的要求如图 6-8 所示：

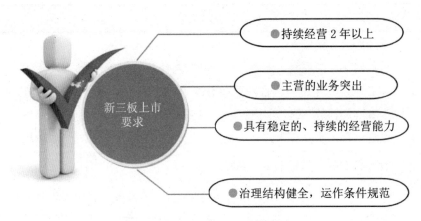

图 6-8　新三板对企业上市的要求

符合以上 4 个条件，企业就可以在新三板申请挂牌。当然，由于企业在新三板挂牌以后，企业运营必须规范，因此向银行借钱或者从其他渠道以债权融资就容易得多了。

然而，新三板最大的亮点还不是融资，而是转板。如果挂牌企业符合上市条件，则可以转板上市。另外，新三板挂牌的成本也比较低，在 100 万～ 150 万元，同时，政府为在新三板挂牌的企业提供 100 万～ 150 万元的补贴，因此可以说是零成本挂牌。

平台四：区域股转系统——适合小微企业

相比新三板的挂牌条件，区域股转系统的挂牌条件更加符合小微企业。区域股转系统挂牌流程和新三板很相似，主要区别是新三板是在行业协会备案，而区域股转系统则是在地方金融办备案。

其中，运作比较成功的当属上海股权交易中心。上海股权交易中心包含两个板块，一个是 E 板（股份转让系统），另一个是 Q 板（股份报价系统）。E 板要求挂牌企业必须有 500 万元的净资产，而 Q 板则 5 万元就可以挂牌。因此，即使很微小的企业也可以考虑在这个平台挂牌。

上海股权交易中心对企业的要求如图6-9所示：

图 6-9　上海股权交易中心对企业上市的要求

此外，区域股转系统的挂牌企业不局限于本地企业。例如，上海股权交易中心挂牌的企业就不一定局限于上海，江苏、吉林、北京、内蒙古、河北等13个省区市的企业都已经成功地在上海股权交易中心挂牌。

平台五：互联网金融平台——适合微型企业

随着互联网的高速发展，互联网金融平台成为资本市场一个全新的阵地。互联网金融平台也称众筹，分为两种模式：一种是股权众筹，一种是债券众筹。股权众筹是指当创业者有一个好项目后，可以将商业计划书提供给众筹网，由众筹网提供法律服务，设立一个合伙企业，然后找到投资人，把钱以股权投资的方式给创业者。而债权众筹则不同，所谓债权众筹，也就是热门的P2P，指的是有钱人通过互联网平台贷款给创业者。

无论哪种模式，对于刚刚创业或者想要创业的微型企业来说都是一个不错的融资渠道。

总的来看，资本市场有五大平台：主板和中小板负责大中型企业，创业板负责中小型企业，新三板负责小企业，区域股转系统负责小微企业，互联网金融负责微型企业。不管企业目前处于哪个阶段，都可以根据自己的规模来选择适合自己的资本平台。

只有选对了资本平台，才能玩转资本魔方，找到高速成长的入口。

5. 资本路径：企业凭什么能与资本市场联姻

资本市场的构成有三个要素：钱、人、爆品。每个企业在不同的阶段都会出现缺钱、缺人或缺爆品的状况，那么，企业要通过什么路径与资本市场联姻呢？

既然资本市场和企业都离不开这三个要素，那么，企业就可以通过这三个要素与资本市场联姻，它们就是敲开资本市场大门的金钥匙。为此，我把它们归纳为企业与资本联姻的三条路径。

路径一：缺钱——做股权融资

企业想找钱，最好的路径就是做股权融资。

1999 年，马云拿着 50 万元和 18 个创业者一起成立了阿里巴巴。当 50 万元被用光后，缺钱的马云将目光投向了资本市场，并成功获得了高盛 500 万美元的天使投资。

随着企业的发展壮大，阿里巴巴的资金缺口也越来越大，尝到股权融资甜头的马云第二次与资本联姻，仅仅用了 6 分钟，便说服了亚洲首富孙正义，获得了 2500 万美元的投资。马云拿着这笔钱一步一步将阿里巴巴做大做强，让它成为全球最大的电子商务企业。

2015 年，阿里巴巴在美国上市，市值 2300 亿美元。

这就是股权融资带给阿里巴巴的奇迹。如果当初马云没有进行股权融资，那么也不可能造就今天的阿里巴巴。毫不夸张地说，阿里巴巴的成长史就是一个股权融资的发展史。

所以，对于缺钱的企业来说，股权融资是第一路径选择。企业可以根据自己的生命周期，通过出让股权向天使基金、风险投资或私募股权投资基金融资。

企业怎样才能成功地进行股权融资呢？我先讲一个一家企业上市计划"流产"的真实故事。

这家企业有 3 个股东，股权结构如下：董事长兼总裁占 60％，剩下的两个股东，一个是主管研发的副总裁占 35％，另一个是主管营销的副总裁占 5％。

3 个股东一起打天下，经过 10 年的打拼，终于让公司成为行业内数一数二的企业标杆。企业利润率高达 25％，并且连续 5 年获得 50％ 以上的增长。

毫无疑问，这是一家备受资本市场青睐的优质企业，其找到了国内顶尖保荐人中信证券启动上市计划，并已经获得资本市场 100 亿元的估值。

可是没想到，就在最后关头，意外发生了。

从创业期到成长期，企业发展十分平稳，股东之间关系非常融洽。可现在企业要上市了，估值突然膨胀了数十倍，想到上市以后，大家的财富都会有几十倍的增长，那个主管营销的副总裁突然心里不平衡了，他心想："这家企业是靠营销驱动的，这么多年来一直依靠强有力的营销才为企业带来如此高的增长，我的股权只有区区 5 个点，而其他两个股东活没干多少，却拿了那么多的股份，企业一旦上市，财富会大大超过我，这下我就亏大了。"

于是，这位营销副总裁撂挑子不干了。

最后，这家企业因为创始股东分家，不具备上市的基本条件，不得已放弃了上市计划。

在上市融资的过程中，这样的案例屡见不鲜。

企业要想成功地实现股权融资，必须练好以下三项"内功"（图 6-10）。

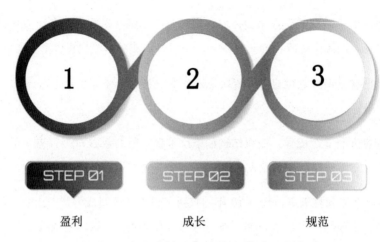

图 6-10　企业实现股权融资必练的三大内功

内功一：盈利。

盈利是一个硬性指标，你的企业过去可以不盈利，但一定要有未来盈利的能力。

在我国的资本市场，不盈利的企业是不可以 IPO（首次公开募股）的。在国外，过去不盈利的企业可以 IPO，但一定要有未来盈利的希望。

企业家一定要牢记：不管是天使投资还是风险投资，其最终目的都是为了回报。如果企业不盈利或没有盈利的希望，那么将永远无法拿到资本市场的入场券。

内功二：成长。

为什么投资人愿意把钱投给你的企业？因为他们相信你的企业会成长，有成长空间和成长潜力。比如，你的企业去年收入 2 亿元，那么今年一定要收入 2.3 亿元以上，至少每年要保持 30% 的增长。如果没有达到这个成长率，资本市场的股权融资这条路对于你来说也是困难重重。

内功三：规范。

经常有企业家问我："何老师，我企业的财务很规范，为什么每次与投资人接触，他们都说我的企业不规范呢？"

事实上，这是因为投资人所说的"规范"并不单单指财务，它还包括三个方面：企业的核心高管要稳定，企业的关联交易要规范，剥离同业竞争。

在这三个方面里，最大的硬伤就是企业的核心高管不稳定。这一点，资本市场有硬性规定：企业在主板上市，核心高管层要保持 3 年稳定；如果在创业板上市，要保持 2 年稳定。

在我为企业做投资的诸多案例中，我认为以上三大内功是企业成功通过股权融资迈向资本市场的要素。

路径二：缺人——做股权激励

人是企业最有价值的资产。一个企业，即使再有钱、有爆品，没有人来运作，也不可能产生价值。所以，股权激励是企业与资本市场联姻的第二条路径。

股权激励可以帮助企业激励和留住核心人才。在这方面，华为算得上是股权激励的典范。

华为于 1987 年成立，目前已经成为全球 500 强企业，2016 年销售收入达5216 亿元，净利润 371 亿元。如果要问华为凭什么发展得如此迅速，那么股权激励肯定有一功。早在 1990 年，华为就开始实施股权激励，成功留住近 15 万科技人才。正是因为有了这些高科技人才，华为才能迅速做大做强，并创造了一个又一个行业奇迹。

那么，企业应该如何进行股权激励呢？事实上，市场上关于股权激励的书籍几乎已经铺天盖地，我就不再凑热闹了。在这里，我主要明确股权设计上的三个重要节点（图 6-11）。

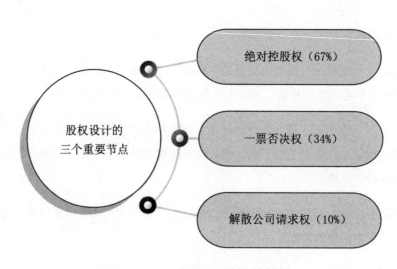

图 6-11　股权设计的三个重要节点

第一个节点是绝对控股权（67%），《公司法》要求必须经三分之二以上股东表决通过决议，所以一旦股权占 67% 就有绝对话语权。

第二个节点是一票否决权（34%），《公司法》规定三分之一以上股东有对重大事项的一票否决权，可以防止公司被恶意地形成绝对控股的局面。

第三个节点是解散公司请求权（10%），《公司法》规定持公司 10% 以上股权的股东可以召开临时的股东会和董事会，以及提议解散公司，但是在表决权上没有控制力，主要就是可以把决策层一起组织起来进行讨论。

综上所述，当公司设置股权时，这三个重要节点可以保护各方股东的权益，有益于公司发展。

路径三：缺爆品——股权投资

有人说，李嘉诚睡觉都在赚钱。李嘉诚的长江塑胶厂成立于 1950 年，已过花甲之年。长江集团之所以能有如今的成就，这一切，都源于李嘉诚的股权投资。

据长江集团财务报告，其旗下已经有 9 家上市企业，业务遍布全球 52 个国家，市值超 8500 亿美元。事实上，长江集团之所以有如此大的市值，都是其投资的企业赚来的。

我曾经仔细研究过长江集团投资的企业，发现这些企业所在的行业都不相同，彼此间的关联性也很弱。我想，这就是李嘉诚先生的股权投资策略——巩固强基因的同时，通过其他行业的股权投资来分散风险。

所以，人们说李嘉诚睡觉都在赚钱，是因为他找到了走向资本的开关，撬动了"股权投资"这个杠杆。那么，股权投资便是企业与资本市场联姻的第三条路径。

说到股权投资，这其实是一个技术活，任何一个环节的疏漏，都可能导致双方走向双输的局面。企业家在进行股权投资之前，一定要按照投资流程来进行。否则，极有可能会导致尴尬的结局。

一般来说，一个完整的股权投资流程包含三个步骤（图6-12）。

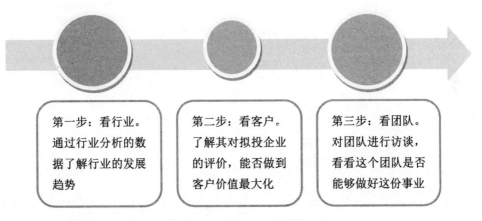

图 6-12　股权投资的流程

以上便是企业与资本市场联姻的三条主要路径。当然，我说的这三条路径也不是股权投资的"圣旨"。企业可以根据自己的实际情况，在做股权激励和引进投资者时，以这三个关键节点为参考，不能因为随心所欲或是盲目自信，使得自己失去了对企业的控制权，白白将自己辛苦经营数年的企业拱手送人。

第七章
升级：先让企业"值钱"，再让企业"赚钱"

导 读

挖掘强基因、实施品类战略、迈向资本，可以让企业做大做强，但企业理应更有价值地活着。

在企业管理中，有一句被大家说烂的俗语：一年企业靠运气，五年企业靠管理，十年企业靠经营，百年企业靠文化。

那么，按照这样的逻辑，我认为，企业做大做强，也可以有这样一个警句：四流企业卖苦力，三流企业卖产品，二流企业卖品牌，一流企业卖价值。

试问，哪个企业不想成为一流的企业？要成为一流的企业，你就必须把你的企业做成"值钱"的企业，而非"赚钱"的企业。说到这里，肯定有很多企业家会反驳："我做企业不是为了赚钱吗？"

确实，对于中小企业来说，有这种想法不奇怪。因为处在这个阶段的企业大多是为了赚钱，为了利润。但如果你想把企业做大做强，就要摒弃这种思维，拥有值钱思维。商业的本质是创造价值，赚钱只是结果。

很多人会疑惑：值钱和赚钱有什么区别？

我举个简单的例子：甲企业 2017 年的利润是 1000 万元，乙企业 2017 年的利润是 500 万元。

如果你问哪家企业更赚钱？毋庸置疑，肯定是甲企业。

如果你问哪家企业更值钱？答案就不是确定的了。或许是甲企业，也或许是乙企业。

判断一家企业是否值钱，并不是看利润的高低，而是看企业的运行状况是否能够持续运营成为有价值的企业，也就是说更重要的是看未来。

1. 资本内幕："赚钱"不等于"值钱"

从资本角度看，企业分为两种：赚钱的企业和值钱的企业。两者仅仅一字之差，但背后却蕴藏着巨大的思维方式和逻辑的差别。

我经常会遇到一些企业家为了获得融资跟我说："我的企业将在一年之内利润达到5000万！""我的项目是一个很牛的创意，两年内绝对能赚5000万！"……

每当听到这样的话，我会立刻抬脚走人。我想，不仅是我，任何一个投资人都不会为具有这样思维的企业投资。这样的企业，大致特点都差不多，比如利润高，现金流充足，业务范围狭窄，技术开发狭窄，企业毫无愿景……

这类企业大多是从自己熟悉的行业做起，靠着一定的资源慢慢做大了企业。其业务模式是通过抱紧大客户的"大腿"，靠着一单活一年。这样的业务模式导致企业一直处在一个高危地带，只要大客户一走，企业立刻崩溃。

而值钱的企业却是完全相反的。在这方面，滴滴出行给我们做了一个很好的示范。

滴滴出行的案例

2012年，滴滴出行上线。从上线伊始，滴滴出行就一直在"烧钱"。为了获取客户，滴滴出行给顾客和出租车进行双补贴。2014年，为了和快的打车竞争，滴滴出行和快的打车同时掀起了天价补贴大战。这是当时中国互联网上的一个标杆事件，以至于很多企业在遇到推广难题时，都会想到一招：上补贴。

2014年，滴滴出行和快的打车究竟"烧"掉了多少钱？

滴滴出行创始人程维在 2014 年下半年公布了一个数字：15 亿。对此，很多传统企业的老板认为程维疯了，创立企业不赚钱，反而大量"烧钱"。对此，程维也说，刚开始疯狂"烧钱"时手都在颤抖，但后来越"烧钱"越有价值，补贴大战不是零和游戏，而是正和游戏。

2015 年，滴滴出行和快的打车合并。同年 9 月，滴滴出行和宇通公司合作，欲打造互联网巴士生态；2016 年年初，滴滴出行又与招商银行达成战略合作关系；同年 6 月，滴滴出行成功向中国人寿融资 6 亿美元，将在"互联网＋金融"领域展开合作。

这就是滴滴出行"烧"钱的规则：越"烧"越有钱，越"烧"越值钱。从 8 万元创业，短短 5 年时间就成为市值百亿美元的企业，程维有什么绝密武器？

答案就是：值钱。

说到这里，你或许仍在纳闷儿：一直亏损的企业，为什么会值钱？我总结了一下滴滴出行这些年的发展历程，相信你看了表 7-1 就清楚了。

表 7-1　滴滴出行的发展历程

年份	事件
2012 年 6 月	滴滴出行成立，三个月后滴滴出行 App 上线；同年 8 月，快的打车 App 也正式上线
2012 年 12 月	获得 A 轮融资 300 万美元
2013 年 4 月	获得 B 轮腾讯融资 1500 万美金
2013 年 5 月	打车 App 市场份额占比第一
2014 年 1 月	滴滴出行完成 C 轮 1 亿美金融资，与微信达成战略合作，开启微信支付打车费"补贴"营销活动。和快的打车在国内掀起了一场轰动全国的补贴大战
2014 年 8 月	滴滴出行专车上线，开启商业化探索模式
2014 年 12 月	获得了 7 亿美元融资

年份	事件
2015 年 2 月	滴滴出行和快的打车宣布合并，合并后的公司成为国内最大的移动出行平台
2015 年 5～7 月	推出快车业务、顺风车业务、代驾业务、巴士业务
2015 年 9 月～2016 年 6 月	滴滴出行 F 轮融资金额达 45 亿美元
2016 年 8 月	滴滴出行并购优步中国，合并后估值达到 350 亿美元
2017 年 12 月	滴滴出行官方宣布已完成新一轮超 40 亿美元股权融资。资料显示，2017 年，滴滴出行的两笔融资额加起来在 95 亿～105 亿美元之间，而在目前科技领域，2017 年赴美 IPO 共 37 起，融资额总计 99 亿美元，这意味着滴滴出行在 2017 年的总融资额超过赴美上市科技企业的 IPO 总额

根据不完全统计，滴滴出行自成立以来，已经完了 16 轮融资，融资额总计超过 200 亿美元。这么大笔的钱用于何处？根据滴滴出行官方报道，这些钱最大的用处是进一步提升滴滴出行的价值，具体用于滴滴出行的科技投资、新能源汽车服务等，其中国际化是重中之重。滴滴出行的估值已经超过它海外最大的竞争对手 Uber。

很多人好奇：为何资本会如此宠爱一直在"烧"钱的滴滴出行？事实上，通过上表我们就可以看出，虽然滴滴出行一直在"烧"钱，但滴滴出行清晰地掌握了未来出行的产业模式，创造了一个巨大的商业结构——以滴滴出行体系为首的整个智能出行的运营系统。从资本角度看，这才是滴滴出行最诱人的地方。

对于大多数资本来说，"烧"钱并不是问题，而是必要的竞争手段。如果前期滴滴出行不通过"烧"钱来抢占市场，培养用户的使用习惯，那么它将会很快死掉。但当滴滴出行通过"烧"钱成为行业第一时，便拥有了绝对的话语权。所以，从资本角度看，尽管滴滴出行一直在亏损，但它抢占的市场足够大，这些"烧"掉的钱迟早有一天会赚回来的。这就是一家不赚钱的企业的值钱之处，也是传统企业在成长过程中应该尽早揭开的资本内幕。

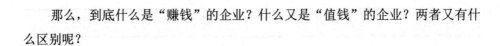

那么，到底什么是"赚钱"的企业？什么又是"值钱"的企业？两者又有什么区别呢？

什么是"赚钱"的企业

从资本角度看，"赚钱"企业往往呈现以下三个特征（图 7-1）。

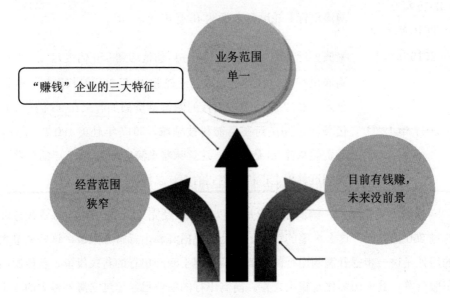

图 7-1 "赚钱"企业的三大特征

（1）经营范围狭窄

"赚钱"企业最大的特征就是经营范围狭窄。我经常听到一些企业家在融资时对投资人说"我的企业是 ×× 市第一""我的产品主打 ×× 区的市场"……这都是经营范围狭窄的表现。这样的企业被束缚在一个区域内，即使再如何做大做强，也逃不过"经营范围"的这个框。试问，一个市能有多大的市场？一个区能有多大的利润？

（2）业务范围单一

"赚钱"企业第二个特征是业务范围单一。这是我国现在 85% 的企业都存在的问题。许多企业认为只有大客户才能带来大利润，所以死"磕"大客户。这样业务范围单一的企业，只要大客户一撤，会立刻陷入危险地带。

（3）目前有钱赚，未来没前景

"赚钱"企业第三个特征是目前有钱赚，但未来没前景。很多企业由于产品创新或拥有资源，目前有一定的利润，但用户流失率高，所做的往往是一单买卖。这样的企业目前看起来是有钱赚，随着用户的流失、产品的迭代，未来就不一定有前景了。

上述三点便是"赚钱"企业的三大特征。总结起来，"赚钱"企业并不是现金流不充足，而是缺乏战略想象力。这也是一家赚钱的企业从资本角度看不值钱的原因。

什么是"值钱"的企业

从资本角度看，"值钱"的企业往往呈现以下三个特征（图7-2）：

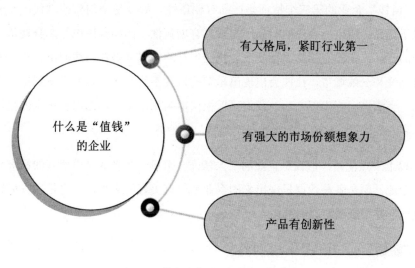

图 7-2 "值钱"企业的三大特征

（1）有大格局，紧盯行业第一

"值钱"企业最大的特征就是有大格局，眼光远大。这样的企业并不看重眼前的蝇头小利，而是紧盯行业第一。比如滴滴出行，并不看中现金流，刚开始一

直在不停地"烧"钱，等抢占了市场份额，成为行业第一后，现金流早就不是问题了。

（2）有强大的市场份额想象力

"值钱"企业的第二个特征是有强大的市场份额想象力。什么是市场份额想象力？就是企业在选择市场时，会选择有前景的市场，一旦进入市场，就会以低价的方式去获取用户。只要用户形成消费习惯，企业的价值就不可同日而语了。

比如滴滴出行选择出行这一市场后，一直以补贴顾客和补贴出租车司机的方式获取用户。当顾客养成用滴滴出行的习惯后，滴滴出行的估值也会迅速提高。

（3）产品有创新性

"值钱"企业的第三个特征是产品有创新性。如今是个创新的时代，不创新无异于等死。所以，企业的产品一定要具有创新性。比如滴滴出行本身就是一个创新的产品，在没有滴滴出行之前，我们出行的方式就是在路边叫出租车，在上下班高峰和一线城市，往往会出现出租车司机找不到客人、客人看不到出租车的局面。当滴滴出行出现之后，我们可以很快地叫到出租车，而出租车也能很快地找到客人的位置。这就是滴滴出行"值钱"的地方。

以上三点便是"值钱"企业的三大特征。衡量一个企业是否值钱的标准并不是现金流，而是各种数据呈现出来的企业是否有美好的未来，这也是一家值钱的企业现在并不赚钱的原因所在。

"赚钱" vs "值钱"，区别何在

通过了解"赚钱"企业和"值钱"企业的特征，我们可以清晰地看出两者的区别。总结一下，其本质区别在于以下两点（图7-3）：

图 7-3 "赚钱"企业和"值钱"企业的区别

（1）区别一：用自己的钱 vs 用风投的钱

赚钱的企业财大气粗，有钱任性，使用的大多是自己的钱，也包括企业股东的钱和银行借款。而值钱的企业大多数用的是"别人的钱"，这里的"别人"就是投资人。

当然，投资人也不是傻子，不会傻傻地把钱给你，假如你能让自己和自己的企业变得值钱，那情况就不一样了。比如你拥有超高的行业占有率，市场口碑爆棚，网罗了行业内的顶尖精英，或者社会形象很正面，这都是获得融资的筹码。

（2）区别二：关注当下利润 vs 关注结构性价值

赚钱的企业更关注现金流，也就是当下的利润，想以最低的成本获得最高的收益，因此，这类企业都会绞尽脑汁研发新产品，改善服务，提升管理水平，拓展市场，小心翼翼地经营自己的事业。这种只知道赚钱的企业，忽略了建立自己的核心竞争力，仅仅跑马圈地，最终只会落得被后浪拍死在沙滩上的结局。

值钱的企业则不一样，会把注意力放在企业的结构性价值上，未雨绸缪，有格局，站在行业的风口浪尖，努力培养自己的核心竞争力。就算眼前是亏损的，但依然坚持自己的方向。因为背后有雄厚的资本支持，其可以心无旁骛地进行产品研究，为自己打广告，甚至贴钱给消费者，先打出自己的招牌，占据市场。随着时间的推移，产品知名度会越来越大，这样的企业就是值钱的企业，在资本的帮助下更易迅速起飞，快速成长，并成功上市。

综上所述，"赚钱"不等于"值钱"。作为企业家，要有一定的格局和信念，赚钱并没有错，但如果只是现在赚钱，没有未来，就不能长久经营。所以，请从现在开始，挖掘企业的强基因，通过品类战略做大企业，然后迈向资本，做一家"值钱"的企业。

2. 值钱思维：不同的思维造就不同的未来

2017 年 11 月，胡润研究院发布了 2017 年中国富豪排名榜单。在 2017 年胡润中国十大富豪榜上，恒大地产创始人许家印以 2900 亿元首次登顶中国首富。马化腾财富增长 52%，超过马云位列第二，但大阿里系有近 50 人上榜。

许家印是胡润百富榜上历年来财富最高的首富。恒大于 2017 年上半年成功完成两轮战略投资，共计 700 亿元。胡润榜指出：许家印的财富在 2017 年下半年几乎每天涨 10 亿元，这是近几年来财富增长速度最快的一次。

胡润财富榜值得我们深思：为什么同样是做企业，它就能获得如此大的成就，能把企业做得如此强大，如此值钱？

我本人也一直在思考这个问题。为此，我详细地研究了一下榜上前 20 名的企业家。在查看、翻阅他们的个人简历、企业发展史及思维方式之后，我得出这样一个结论：他们之所以把企业做得如此"值钱"，是因为他们拥有"值钱"的思维。所谓思维决定作为。

企业家经营企业，不同的思维造就不同的未来。不管是许家印、马化腾，还是马云、王健林，他们都拥有缜密的"值钱"思维。这样的思维让他们在经营企业时，不管是在企业的战略规划方面，还是在企业的愿景使命方面，所采用的方

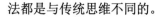

法都是与传统思维不同的。

为什么企业家要拥有"值钱思维"

庄子说："井蛙不可语于海者，拘于虚也；夏虫不可语于冰者，笃于时也。"一个人的思维受到局限，犹如夏虫、井蛙，不可能触及自身思维框架之外的领域。可以说，一个人的思维习惯决定了其思考力的疆界。

我在为企业做投资时，总能看见一些企业家把自己的企业当成一个"赚钱的机器"，为了赚钱，无所不用其极，财务造假、糊弄消费者、不按上市公司标准执行，等等。他们这样做的目的无非是让企业看起来"值钱"，企图依靠卖掉股票大赚一笔。拥有这样"赚钱思维"的企业，着实让人担忧，后果不堪设想。往好了说，赚到了钱，但败坏了企业的名声；往坏了说，不但赚不到钱，还会让企业陷入万劫不复的深渊。

要把企业做成一家"值钱"的企业，企业家必须从"赚钱思维"升级为"值钱思维"。唯有如此，才能迈上资本之路，利用资本的价值体系做大企业市值。顺丰创始人王卫就是因为转变了思维，才把顺丰做成一家值钱的企业。

2017年2月，顺丰成功上市。当天顺丰控股开盘价为53.5元，大涨6.59%，不到上午11时，便封死涨停55.21元，市值为2310亿元，超万科、美的，成为深圳股市第一大市值公司。

据我所知，顺丰创始人王卫在前几年与华为一样，一直不愿企业上市，他认为上市就是圈钱。在他的思维里，他觉得上市后企业就要进行信息披露，利润和股价就会成为所有人关注的重点，不利于商业秘密的保护和战略规划的制定。这其实就是典型的"赚钱思维"。

随着时间的推移和激烈的行业竞争，王卫逐渐了解到了资本市场的本来面目，并转变了自己原来的"赚钱思维"，认为顺丰只有变成"值钱企业"才能完成企业转型升级。

那么，是什么原因让王卫从"赚钱思维"转到"值钱思维"的呢？研究调查表明，促使王卫思维发生转变的因素主要有以下三点：

原因一：行业竞争激烈。

从 2015 年开始，快递业竞争异常激烈，申通、圆通、韵达相继借壳上市，力图借助资本的力量让企业转型升级。行业的竞争是促使王卫思维发生改变的最强的刺激点。

原因二：国家政策支持。

2015 年，国务院提出"促进农村电商及快递业发展"等看法，大力扶植快递业的标杆企业，而顺丰是最佳的选择。

原因三：资本需求。

2013 年，顺丰获得了元禾控股、招商局集团、中信资本、古玉资本的战略投资，出让 25% 的股份，用来应对不断增加的资本扩张需求。

促使王卫思维发生改变的原因也许还有很多，但总体来说，其主要原因就是以上三点。毫无疑问，创始人王卫的"值钱思维"，让顺丰通过几年的迅速发展成为一家名副其实的"值钱"企业。

王卫的"值钱思维"的转变，让他看到了资本市场的前景，没有局限于眼前利润的得失，努力打造出了一家值钱的企业。这就是一家值钱企业运营的基本思维。

王卫思维的转变，给顺丰带来了命运的转折。如今，顺丰早已不是一家单一模式的物流企业，而是涉足速递、生鲜电商、跨境电商、金融支付、无人机等领域的多元化企业。

王卫通过"值钱思维"，利用资本市场，让顺丰登上了新的高峰。

如何构建"值钱思维"

知道了"值钱思维"的重要性，那么企业家如何才能构建"值钱思维"呢？

在上一章里，我讲到了企业家构建"资本思维"的三个梯度，分别是杠杆思维、市值思维、协同思维。"值钱思维"要求企业家在"资本思维"的基础上升级，从富人思维、共赢思维、超前思维这三个梯度来构建值钱思维（图7-4）。

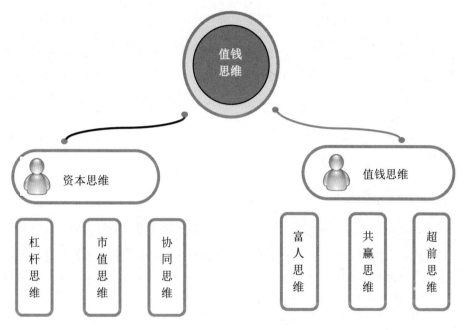

图 7-4　值钱思维的三个梯度

（1）富人思维

在市场经济中，有一条万变不离其宗的铁律：10%的人在赚钱，90%的人在赔钱。天下人不可能都是富人，也不可能都是穷人。如果你想做那10%的人，就需要转变观念，拥有富人的思维。

所谓富人思维，就是和大多数人不一样的思维。大多数人的思维都有其惯性，犹如羊群一样，而你要像"狼"一样，站在食物链的最顶端。让企业值钱，你就得研究值钱的办法，研究有钱人的思想和行为。

"富人思来年，穷人思眼前"，在羊、狼之间其实仅有一念之差，这是值钱思维的第一个构建梯度。

（2）共赢思维

共赢思维是检验一个企业家是否拥有大格局、大视野的试金石。有共赢思维的企业家，在为企业制定战略规划时，不会只思考企业自身的利益，也不会考虑如何将竞争对手置于死地，而是始终想着如何在同行业中寻找做大做强的战略。

即使阿里巴巴这样强大的企业，也无法独占某一市场。企业家的思维若只局限于自己企业的利益，如果行业整体下跌，自家企业仍然难以发展。所以，企业家要拥有共赢思维，共同将市场这块蛋糕做大，企业才有可能获得最大的一份。

共赢思维的本质在于"利人"。马云在把阿里巴巴做成值钱企业之前，先是把互联网行业这块蛋糕做大了，继而才有了如今的阿里巴巴。

（3）超前思维

超前思维就是指企业家要有对企业、行业和市场未来发展趋势的判断力。如今的时代，市场变化很快，如果企业家没有超前思维，不仅无法引领趋势，还随时可能会被后起之秀拍死在沙滩上。

当然，我所说的超前思维并是天马行空的想象，也不能光凭企业家主观臆断，而是建立在企业家的知识结构、经验、信息收集、思维水平等基础上的大胆预测。一旦企业家对未来有超前思维，企业便有了方向。俗话说"不谋万世者，不足以谋一时"，企业家一定要具有超前思维，才能达到"谋定而后动"的境界。

3. 值钱目标：你的目标选择有多高，决定你能爬多高

在我给一些新三板企业做投资的过程中，经常会有人问我这样的问题："何老师，既然我的企业要做'值钱'的企业，那是不是说明我不用像传统企业一样做战略目标？"

对此，我的回答是，肯定要做战略！

为什么这样说呢？

走资本路线，把企业做成"值钱"的企业，固然是一条正确的做强做大企业的路径，但同对也对企业提出了相当的要求。一个企业是否真的能够走向资本市场，成为"值钱"的企业，除了明白"赚钱"和"值钱"的区别，拥有"值钱"思维，还要看企业自身的状况。如果企业原始的积累还比较有限，或者说自身的经营状况还没有形成一个很好的商业模式，有必要进行一个健康经营的调理过程，这种企业，我是不建议盲目走资本化路线的。

这时，你就需要通过战略目标来驱动企业走上资本化路线，以达到"值钱"企业的目的。换句话说，你需要一个更值钱的战略目标。

没有战略目标的企业就像一艘没有舵的船一样，只会在原地转圈。制定战略目标，任何时候都是企业做大做强的一个基本思路，做"值钱"企业也不例外。有战略目标并不一定就能确保企业走向资本化，成为一家值钱的企业，但没有战略目标的企业一定不会值钱。

值钱，首先是因为选择了正确的战略目标

2013 年 9 月，美的成功上市。自 2016 年 6 月以来，美的市值连创新高，资本市场的价值取向悄然发生改变。

为何一向贴着"传统制造""家电企业"标签的美的集团，突然成了资本市场追捧的热点？源于美的企业在一开始就制定了一个"值钱"的战略目标。

美的集团董事局主席何享健早在 1997 年就制定了一个"值钱"的战略目标：未来美的在家电领域要做到行业第一。在这样的战略目标激励下，美的几乎所有家电产品都做到了行业第一。例如电风扇是全球第一，电饭煲是全国第一，空调电机也是全国第一。

什么样的目标选择决定企业能够做到什么样的高度。

王石是非常成功的企业家，同时他也是非常成功的登山家，其在登山专业上的级别属于国家健将级。他曾经在 2004 年、2010 年两次登上世界最高峰——珠穆朗玛峰。假如王石所选择的只是爬爬泰山、黄山这一类风景名胜，他也一定登不上五六千米的高峰，更谈不上攀登世界最高峰了。

企业对未来发展的选择，就有如王石的登山。不同的高度所需要的装备、能力完全不同。企业能到达怎样的高度，前提条件是你选择要爬多高。

做"值钱"企业的战略目标金字塔逻辑

知道了战略目标对于做"值钱"企业的重要性后，接下来，我们还要知道战略目标背后的逻辑。只知其然，而不知其所以然，企业的战略目标注定无法为"值钱"保驾护航。那么，企业战略目标背后的逻辑是什么呢？我给出一个目标金字塔逻辑，如图 7-5 所示。

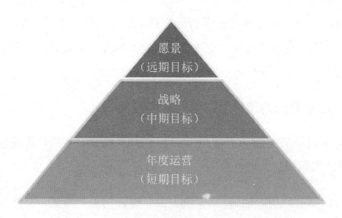

图 7-5　做值钱企业的战略目标金字塔逻辑

做值钱企业的战略目标金字塔逻辑实际上是告诉大家一个道理：做企业一定要目标清晰，勇于变革，提升竞争力。

首先，企业必须要有远大的抱负，也就是有一个"值钱"的愿景。愿景的含义，简而言之，可理解为长远的理想目标。个人需要愿景，才会有为之奋斗的动力，企业同样如此，否则也会失去发展的方向。

如今，我看到大多数企业在自己的网站上、公司简介上都会阐明其发展的愿景，然而相当部分企业仅仅是喊喊口号。口号只是给别人看的，并不是企业真正的动机。这种喊口号式的愿景，喊得再响亮也没用，对企业的发展起不到什么实质性作用。

企业家要善于塑造愿景，描绘愿景，给人以鼓舞。愿景塑造应当有别于"忽悠"，有别于说假大空话，有别于墙上画饼。一个没有愿景的企业，即使有短期的成功，终究无法走远，更别说做成一家"值钱"的企业了。

其次，企业必须有清晰的中期发展规划作为经营指导。愿景是战略制定的前提和基础。在愿景的激励下，企业还必须制定未来三五年之内可实施的战略目标，因为光有愿景远远不够，还必须有切实的行动措施。而中期战略目标规划就是企业可供执行的行动方案。不同层次的目标也是一个不断分解和不断促成的过程，如图7-6所示。

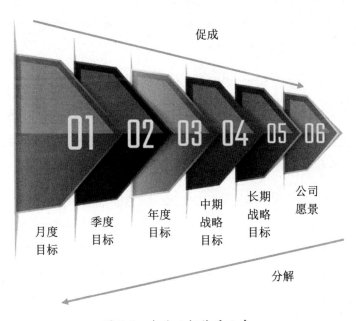

图 7-6　企业目标体系示意

企业制定的战略目标，要由战略层逐渐向战术层转化，逐级分解，目标体系按时间维度、空间维度、要素维度逐渐展开，目标逐渐明晰化、指标化。

有人说："十亿企业规划 3 年，百亿企业规划 5 年，千亿企业规划 10 年。"这句话不无道理，规模越大的企业，战略目标越要考虑长远。

最后，在战略目标下，企业还应该每年有更加细致的年度经营目标与计划。

对企业的运营管理而言，3 ～ 5 年的中期战略规划很大程度上仍然属于中观层面的范畴，还必须再落实到微观的工作层面上来，即要再将它分解成具体的年度经营目标与计划，这样才是真正指导企业"值钱"的经营管理方式。

4. 值钱计划：用商业计划书"敲开"资本的大门

有了值钱的目标，我们还要有具体的计划，这个计划就是商业计划书。商业计划书犹如资本的"敲门砖"，它不仅反映出企业对行业的理解程度、对市场的把握程度、对企业运作的掌控程度、对企业未来发展战略的规划，同时也能促使公司总结过去、规划未来。

在如今这样一个资本为大的时代，你的企业要找投资人融资，要上市，要找新股东，要找经销商，都需要一份商业计划书。

直白地说，商业计划书是企业吸引投资的必备辅助工具，是参与融资的入场券。所以，企业不但不能没有商业计划书，而且还要写得好。

在现实中，我经常看到这样一个现象：许多企业绞尽脑汁想做一份前无古人，后无来者的商业计划书，希望让投资人眼前一亮，使融资水到渠成。可即便是马化腾这样的商界风云人物，当年为了打动投资人，也呕心沥血、废寝忘食地写了 200 多页的商业计划书，最终得到了 IDG 的熊晓鸽和南非的 MIH 大额投资，才成就了今天的腾讯帝国。

在股权融资的过程中，如何强调商业计划书的作用都不为过。总的来说，商业计划书对于企业走向资本，成为"值钱"企业有以下三个方面的作用（图 7-7）：

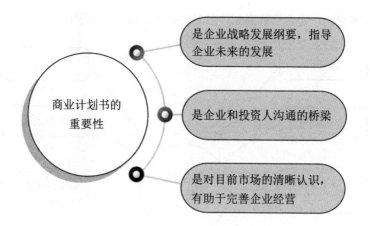

商业计划书的重要性

- 是企业战略发展纲要，指导企业未来的发展
- 是企业和投资人沟通的桥梁
- 是对目前市场的清晰认识，有助于完善企业经营

图 7-7　商业计划书对企业的重要性

什么是商业计划书

既然商业计划书对于企业来说如此重要，如果连商业计划书是什么都不知道，或者连一份合格的商业计划书都没有写过，岂不是太不专业。

想要拿出一份合格的商业计划书，我们首先要弄清楚商业计划书到底是什么？

如果你觉得商业计划书不就是做一份精致一点的PPT嘛，那你就大错特错了。商业计划书，简称BP（Business Plan），从宏观上看，商业计划书可以理解为企业的经营指南，指引企业未来的发展方向；从内容上来看，商业计划书是企业对自己的经营模式、公司类型、产品类型、宣传营销、财务状况等做的细致、详尽的阐述，要用最精简、最准确的语言表述出来。

一份合格的商业计划书的主要内容及写作要点

企业要想成为"值钱"的企业，先不说把商业计划书写得有多"吸睛"，但至少你的商业计划书要合格。在这个快节奏的时代，很多企业的创始人都不愿花时间和精力写一份商业计划书，相反他们更想面对面与投资人沟通。殊不知，投资人是一个非常繁忙的群体，如果你没有一份敲响他"心门"的合格的商业计划书，98%的投资人是不会跟你见面的。

那么，企业要如何写出一份合格的商业计划书呢？

通常来说，一份合格的商业计划书包括十个部分（图7-8）。

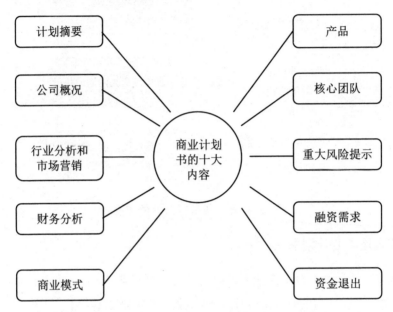

图 7-8　一份合格的商业计划书包含的十个内容

（1）计划摘要

计划摘要是商业计划书的开篇部分，是"龙头"，提纲挈领。在这个部分，企业要对自身情况进行概括，也就是一个粗略的自我介绍，包括公司简介、主营产品、财务情况、营销方式、创始人介绍、未来发展规划，等等。

可以说，一份商业计划书的"颜值"完全由计划摘要决定，"颜值"高的商业计划书，计划摘要一定很精彩，逻辑清晰，言简意赅，让投资人有读下去的欲望。通常来说，计划摘要占据1～2页的篇幅即可。

你千万不要小看这1～2页篇幅，走向资本，成为"值钱"企业第一步的成败在此一举。撰写者一定要分清主次，根据企业的具体状况来写。比如在创业初期，企业的盈利模式、商业模式还不是很清晰，这一部分就可以简单介绍，但是你有一个实力强劲的团队，这一部分就可以着重介绍。

在这部分里，企业家有什么好的想法或梦想，须阐述明白，要有逻辑地"吹牛"。也就是说，不但要有想法，还要有实现梦想的方法，否则投资人就没有感觉。要达到这个效果，写作计划摘要时就要重点突出，这也是投资人最关心的内容，如图 7-9 所示。

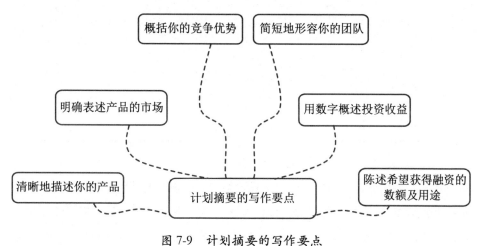

图 7-9　计划摘要的写作要点

（2）企业概况

这一部分主要对企业进行介绍，包括企业名称、地址、企业性质、注册资本多少、创始人介绍、团队成员分工，等等。企业基本简介部分可以参照表 7-2 组织语言。

表 7-2　企业基本简介

基本信息	具体内容
公司注册地	
注册资本	
企业类型	
公司成立时间	
法定代表人	

基本信息	具体内容
主营产品或服务	
主营行业	
经营模式	
联系人	
电话	

有一点需要注意的是，在这一部分的撰写里，重点要对企业股东和控股结构进行说明。如果你在这一部分的叙述模棱两可，很难获得投资人的信任。把股权结构介绍清楚，可以提高自己的可信度，吸引更多投资人的关注，提高股权融资成功的概率。在企业简介之后，可以以表格形式阐述目前本企业的股权结构，如表 7-3 所示。

表 7-3　企业主要股东及控股结构

股东名称	出资额	出资形式	股份比例	联系人	联系电话

（3）行业分析和市场营销

这一部分主要是对企业所在行业的基本情况进行描述，并且对本企业在行业中所处的地位进行分析。可以将自己和同类型企业进行对比，着重突出本企业的优势。

在做对比时，我们常用到 SWOT 优劣势分析法介绍本企业在这个行业里有哪些优势，哪些不足，未来发展前景如何，会有哪些机遇，会面临哪些威胁。而且要让投资人充分相信你的实力足以对抗那些威胁。

市场营销部分主要对企业发展目标是什么，以及为了达到这个目标如何营销进行阐述，比如开拓市场的方法，吸引目标客户群的方法，等等。

市场营销策略应该包含以下几个内容：如何建立营销渠道和营销网，如何进行广告宣传和促销，如何构建营销机构和营销队伍，如何处理市场营销中的突发事件，如何制定价格策略，等等。

（4）财务分析

财务分析是商业计划书的关键部分，这一部分主要是对企业的实际财务状况进行说明，比如启动资金来源、资产负债情况、预期收入，等等。投资人应该通过这一部分的阅读，对企业的经济状况有清晰的了解。

在撰写财务分析部分时，最好能寻求专业人士的帮助。因为在这一模块，要呈现出最真实的财务数据，不能造假。在现实中，很多企业企图在这一部分夸大其词或者蒙混过关，最后都被资本拒之门外。

就融资额来说，很多企业觉得越多越好，但是专业的投资人一眼就能看出来这个数据的合理性。并且投资额并非越大越好，如果造成资金过剩或者使用不当，企业还要承担一系列后果，得不偿失。

因此，在财务分析模块，一定要实事求是、态度诚恳，这样才能得到投资人的信任。在文字上，尽量用通俗、精练的语言叙述，多用图表搭配阐述。涉及数字的部分尤其要注意合理性，比如股权比例加起来是不是 100% 等。

商业计划书虽然是面对投资人的公开文件，但是也要注意对商业机密的保护，尤其是财务部分，在投递一些比较小的投资机构时，可以把财务部分单提出来，并且注明"如需要详细财务资料，请致电索取"。

财务分析不仅难在财报的制作，前期财务工作的预测更复杂。具体有以下三个程序（图7-10）：

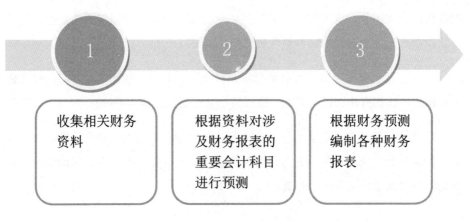

图 7-10　编制财务计划的流程

在进行财务预测时，一定要注意方法，投资人关心具体数字，更关心这些数字是否正确。商业计划书中的预测很有可能和投资人的预测有出入，这是正常的。但是切忌出现常识性错误和盲目乐观，谎报瞒报更是不行。

在进行具体编制时，一定要以数据为基础，由专业人员负责，在编制财报和对财务状况进行说明时，这三份报表不能漏掉——资产负债表、损益表、现金流量表。精明的投资人非常关心损益表中开发和营销的部分，现金流量表也是投资人着重研究的内容。

这三份表应该按照正规的要求编制，方便投资人阅读。为了把财务状况表达得更详细，在计划书中应该对未来5年的财务状况进行预测，其中第一年最好按月编制，接下来4年可以根据季度或其他标准编制。

（5）商业模式

在这一部分，可以用两三页的 PPT 阐述如何具体实现自己的商业模式，比如产品如何研发、如何生产、如何营销，消费市场有多大，等等。

简单来说，这个部分就是介绍项目的实施过程，以及最后要达成的效果。在向投资人阐述产品市场有多大时，一定要用具体的数据来说明。有一些企业提到自己的产品就陷入一种盲目的自恋中，觉得自己的产品一定很有市场，因此用华丽的辞藻激情四射地进行阐述，其实对投资人并没有说服力。

在对这一部分进行撰写时，我建议企业站在消费者的立场上看问题，向投资人展示具体的市场调研数据。

（6）产品

在介绍企业产品时，要着重强调产品的价值，比如产品能给消费者带去哪些好处，为什么你的产品比同类型产品更有竞争力，你的产品符合哪些消费者价值观，等等，简练的语言加以直观的产品配图，效果会更好。

（7）核心团队

投资人在看一家企业否值得投资时，是以"人"为本的，特别是核心管理层的人，这些人的个人能力直接关系到企业未来的发展。因此在商业计划书中，要对管理团队的状况进行细致的阐述，比如管理理念、股权结构、管理结构、董事会构成等，主要突出团队之间的凝聚力以及团队的能力，给投资人留下深刻的印象。

团队介绍可以从两个方面入手：一是核心管理层的介绍，二是团队主要成员的背景介绍。比如，某位高管毕业于名校，在知名企业就职过，有多年从业经验，等等。

特别是股权结构部分，应该如实反映情况，避免给将来的谈判造成不必要的麻烦。通常来说，大股东突出、创业合伙人持有股份、创业员工持有（或将持有）期权的股权结构更容易得到投资人的青睐。

（8）重大风险提示

商业计划书中不仅要向投资人说明企业未来的发展前景，更要说明企业在发展过程中可能存在的风险，并且对自己的危机处理方式进行具体阐述，向投资人表明，自己是有能力应对将来的危机的，把投资人的风险降到最低。

（9）融资需求

简单来说，这一部分就是告诉投资人你要多少钱。理解简单，可具体阐述起来却不简单，这一部分要包括资金需求、稀释股份比例、资金使用规划等内容。

如果是出售普通股份，那么计划书中应该说明股票的类型，需不需要分红，分红能不能积累，股份能不能赎回，股份价格，是否具有投票权，等等。

如果是出售优先股，那么计划书中应该说明股权通过什么方式支付，有没有回购计划，能不能按照普通股转换，优先股股东权利，等等。

（10）资金退出

如果投资效果不尽如人意，投资人会收回投资；就算投资效果好，投资人也不愿意长期拥有产权，也会撤出投资。因为资本是流动的，投资人要让资本循环起来，才能让资本收益最大化。

如果当一家企业发展不够成熟，或者发展达不到预期目标时，投资人还能把投入的资金由股权转化为资本，降低自己的财产风险，他们才更有可能把钱投到一家陌生的企业。因此，一个流畅的资金退出体制，也能为公司获得不少投资人的好感。

一般来说，投资人资金退出主要有以下五种方式（图7-11）：

商业计划书内容的完整性及写作的规范性直接影响到投资人对项目的感性接受程度和理性判断过程。当然，由于企业性质及类型上的不同，商业计划书的内容和写作格式肯定会存在一定的差异。但万变不离其宗，以上十个内容是一个典型的商业计划书的内容及写作要点，企业可以根据自己企业的具体情况灵活运用。

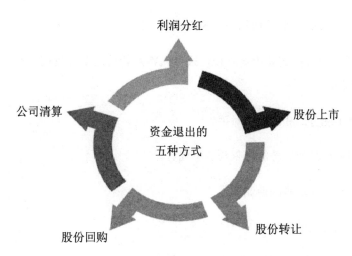

图 7-11　投资人资金退出的五种方式

如何做一份在 5 分钟内打动投资人的 BP

一份商业计划书，也许你花了 5 个月的时间来完成，可投资人 5 分钟就看完了，并且已经在心里决定要不要投资你的公司。如果你的商业计划书不能在 5 分钟之内吸引投资人的目光，基本意味着你这次融资将以失败告终。

作为一个有着多年投资经验的投资人，这几年，我见过形形色色的创始人。总体来看，创始人要么把商业计划书做得太简单，连基本的融资项目都没有说清楚，要么就是太注重形式，把商业计划书做得花里胡哨。很少有创始人能够站在投资人的角度思索商业计划书的写法和内在逻辑。

下面，我将以自身从业经历来讲一下小公司如何做一份在 5 分钟之内打动投资人的 BP。

说服投资人掏钱，写好 BP 有以下十个重点：

① 一句话说明公司的业务定位，让投资人一开始就知道你是干什么的。

② 描述客户的切肤之痛，一定要有痛点。

③ 如何解决客户的痛点。

④为什么是现在这个时机点（窗口期）。

⑤ 用多种方法测算市场规模，投资人特别看重这个市场规模有多大（天花板要足够高）。

⑥ 列出现有的和潜在的对手。

⑦ 写清产品或服务的投入与竞争优势。

⑧ 构建让人信服的商业模式。

⑨ 搭建强大的团队。

⑩ 不要出现不合理的股权结构。

著名投资人徐小平曾经说："我们喜欢那些用最少的文字传达最多信息的商业计划书，用20～30页的PPT表达就可以了。"所以，企业在写好商业计划书后，要回过头来仔细修改正文，删掉不是特别必要的部分，可以把一些详细资料信息放在附录里。

5. 值钱团队：合心、合力、合拍

微软创始人比尔·盖茨曾经说过这样一句话："如果没有了这支团队，微软将会变得一文不值！"

一个"值钱"的企业，除了需要一个具有"值钱"思维的领导者、一个"值钱"的战略目标，还需要一个"值钱"的团队。团队的力量，是企业"值钱"的保障，没有团队，企业可能一件事都办不成。对于企业来说，什么最重要？第一是团队，第二是团队，第三还是团队。团队是"值钱"的核心。

那么，"值钱"的团队应该具备什么样的行为标准？"值钱"团队的构成要素有哪些？搞清这两个关键问题，对企业而言，构建自己的"值钱"团队也就有了清晰的方向和答案。

在回答问题之前，我们先来看看小米的团队。

小米团队的案例

大名鼎鼎的小米科技成立于 2010 年，小米专注于高端智能手机自主研发，如今，小米公司的估值高达 450 亿美元。下面，我通过表 7-4 仔细地分析一下这些人到底"值钱"在哪里。

表 7-4　小米的创始团队成员资历一览表

人物	职位	资历
雷军	董事长、CEO	1992 年加入金山软件，1998 年出任金山软件首席执行官。2007 年，金山软件上市后，雷军卸任金山软件总裁兼首席执行官职务，担任副董事长。2010 年 7 月 14 日重返金山执掌网游与毒霸。2011 年 7 月 11 日正式担任金山软件董事长一职
林斌	联合创始人、总裁	1990 年毕业于中山大学，1992 年在美国德雷塞尔大学获得计算机科学硕士学位。1995～2006 年历任微软亚洲工程院工程总监、微软亚洲研究院高级开发经理、微软公司开发主管等职务。2006 年底加入谷歌，任谷歌中国工程研究院副院长、工程总监，谷歌全球技术总监，全权负责谷歌在中国的移动搜索与服务的团队组建与工程研发工作
黎万强	联合创始人、副总裁	曾任金山词霸总经理，在 2000～2003 年期间，参与了金山毒霸、金山词霸、WPS Office 等多个知名软件项目的开发。黎万强是金山人机界面设计部的首席设计师、金山软件设计中心设计总监、互联网内容总监、是国内最早从事人机界面设计的专业人员之一

人物	职位	资历
周光平	联合创始人、副总裁	于 1999 年获中国科学院声学研究所博士。1995 年加入摩托罗拉，曾任摩托罗拉北京研发中心高级总监、摩托罗拉个人通讯事业部研发中心总工程师及硬件部总监、摩托罗拉中国研究院通信专利委员会副主席、摩托罗拉亚太区手机质量副主席
黄江吉	联合创始人、副总裁	毕业于全美大学排名第 6 位的普渡大学，1997 ～ 2010 年就职于微软公司，是原微软中国工程院的开发总监
刘德	联合创始人、副总裁	毕业于艺术中心设计学院，创办了北京科技大学工业设计系，并担任该系主任。艺术中心设计学院建校 80 多年来，只有 20 多位中国毕业生，刘德便是其中之一
洪峰	联合创始人、副总裁	2001 ～ 2005 年，在甲骨文公司 Siebel 项目工作四年，是负责服务器性能和大型专业系统的可扩展性的 Web 应用程序的首席工程师。2005 年加入谷歌，任高级软件工程师，是谷歌日历、谷歌地图 3D 街景项目的主要负责人。2006 ～ 2010 年，洪峰回国后任谷歌中国垂直搜索产品经理、音乐搜索产品经理、谷歌中国高级产品经理

　　我之所以不厌其烦地把小米企业的创始团队的履历罗列出来，是为了让大家从中找到一些"值钱"的信息，为自己创建团队寻找灵感。

　　从表 7-4 中，我们不难看出，这些人主要有三个共同点。

　　第一，这些人都曾经是世界知名互联网企业的高管，拥有丰富的企业管理经验。

第二，他们都曾经在"值钱"的企业工作过，因此，他们自带"值钱"的企业基因。

第三，他们每个人都已经在自己的领域获得了成功，因此，对建立一个成功的团队有强大的信心。

虽然我们不能把小米的成功完全归结到这七个人的头上，但有一点我们不能否认，就是这七个人确实让小米成为"值钱的企业"之一，从而让小米在激烈的市场竞争中脱颖而出。

什么是"值钱"的团队

事实上，每个人都会从不同的角度给出自己的答案。对这个问题，我也曾思索良久却一直不得其要领。2017 年 3 月，我在为一家企业提供投资服务时，在这家企业的老板办公室看到一幅字，顿时心领神会：这不就是"值钱"团队的行为标准吗？这幅字是"合心、合力、合拍"。我对这六个字的诠释如图 7-12。

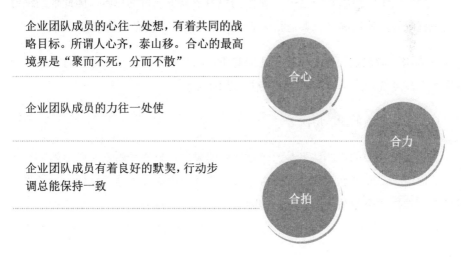

企业团队成员的心往一处想，有着共同的战略目标。所谓人心齐，泰山移。合心的最高境界是"聚而不死，分而不散"

企业团队成员的力往一处使

企业团队成员有着良好的默契，行动步调总能保持一致

图 7-12 "值钱"团队的标准

团队成员合心，进而产生合力，最后达到合拍的效果，这就是"值钱"团队的标准。

如何打造一支"值钱"的团队

知道了什么是"值钱"的团队，那么，企业应该如何打造一支"值钱"的团队呢？针对上面"值钱"团队的行为标准，我建议按如下四个方面推进：

（1）用美好的企业愿景吸引值钱的人

先来看看那些"值钱"企业的愿景都是什么？微软的企业愿景是：想让全世界每张桌子上都有台电脑，最后成为世界软件霸主；迪士尼的企业愿景是：想给全世界带去欢乐和美好，最后迪士尼在全球建立了梦幻乐园，成为世界头号娱乐帝国……这些愿景让企业历经磨难不退缩，最终闻名世界，这就是愿景的力量。

说到这里，很多企业家可能会嗤之以鼻地说："只要我有钱，还怕找不到值钱的人？"钱确实能吸引一部分人才，但要想找到一个与你一起把企业做成值钱企业的人，并不是光靠钱就行的。

"值钱"的人之所以"值钱"，是因为他身上具备无价的思维，因此他们绝对不会见钱眼开，他们选择一家企业，是因为三观一致，被企业的愿景所吸引。

在未来，最重要的竞争就是人才的竞争，高薪也许能留住人才一时，但是企业和个人高度统一的灵魂才能永远留住宝贵的人才。

（2）建立清晰的团队层次

大家平时所说的"团队"是一个很宽泛的概念，只要是两人及以上为某一共同目标而组合，即可称为团队。严格地说，这样的说法并不是很贴切。为了"有的放矢"地推进企业的团队建设，实际运作中应该根据公司的组织架构进行团队的分级，即将团队按一定职能层级划分为"领导团队""管理团队"和"工作团队"。

所谓领导团队，指企业的高管所组成的团队，如董事长、总裁、副总裁、部门总监等；管理团队指企业各职能中层干部所组成的团队，如各部门经理、主管等；工作团队指一线员工所组成的工作小组（图7-13）。

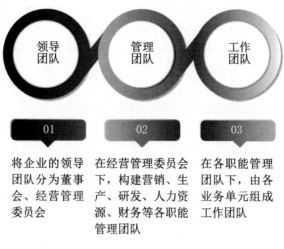

领导团队	管理团队	工作团队
01	02	03
将企业的领导团队分为董事会、经营管理委员会	在经营管理委员会下，构建营销、生产、研发、人力资源、财务等各职能管理团队	在各职能管理团队下，由各业务单元组成工作团队

图 7-13　建立企业不同层级的团队

公司的领导团队成员数会由于公司规模大小、业务及组织结构的复杂程度而不同。例如阿里巴巴、IBM 这样的全球巨型企业，其领导团队成员可能有二三十人之多。但无论如何，一般而言，真正的领导团队成员数是不会太多的。

（3）盘点你的团队

要打造一支"值钱"的团队，必须基于战略的要求来盘点公司的团队，尤其是领导团队。那么，到底怎么来盘点公司的团队呢？见表 7-5。

表 7-5　团队盘点问题清单

团队盘点问题清单	是	否
团队是否有明确的愿景？团队成员是否认同这一目标？		
团队是否有 3 ～ 5 年中期经营的目标及措施？		
团队成员是否对企业的目标完成表现出强烈的使命感和责任感？		
团队成员是否强烈地关注外部环境的变化？		

团队盘点问题清单	是	否
团队成员之间工作上是否相互信任？		
团队成员遇到问题时，相互之间是否能够主动协调配合？		
团队成员之间是否已经形成明确的职责分工？		
……		

（4）进行有效的股权激励

企业家想把"值钱的人"牢牢拴在自己身边，发挥他们的最大潜力，除了梦想鼓舞和授权管理外，不妨对他们进行有效的股权激励。

如今，大多数企业都开始在内部建立股权激励制度，这是一种针对员工长期有效的激励机制。在一定条件下，企业通过对人才进行股权激励，使其与企业结成利益共同体，从而实现企业的长期目标。

总结而言，一个"值钱"团队应当在"合心、合力、合拍"这三个方面都有很突出的表现。围绕着该三个方面进行努力，"值钱"的团队也就不难形成。

6. 值钱产品：好产品，才有好未来

在这个风云际会的伟大时代，产品是不变的际遇。

身处资本时代，对于 4P（产品、价格、渠道、促销）理论，大多数企业或是在扩大渠道，或是在降低价格，又或是在大搞促销，唯有将产品放在最后。对此，企业的解释是，因为产品同质化严重，要把同样的产品卖出不同的成果来，唯有在价格、渠道、促销上面下功夫。

对于这样的解释，我是非常不认可的。

要成为"值钱"的企业，你就必须具有行业领先的竞争力，而要具有行业领先的竞争力，所必需的重要条件之一就是产品。因此我们可以说，企业对产品的重视程度决定了其竞争力的高低。

身处资本时代，如果你依然在做"二道贩子"，在卖人家的产品，那么你只能是一个产品的搬运工。随着新零售的到来，各大企业都在物流、产品质量、用户体验等方面进行改进，"二道贩子"将会被取代。

但如果你有自己的好产品，那就不一样了。小米就是很好的榜样。

很多人认为小米的成功是源于成功的营销手段，比如粉丝营销、饥饿营销等。这其实是对小米最大的一个误解。小米最大的成功源于爆品——小米手机。要做出爆品，最核心还是小米的产品研发和技术研发。

小米自成立以来，在产品的技术创新上投入了大量的金钱和人力。这些资源的投入让小米做出了好的产品——小米手机，也由此成为爆品。小米之所以能成为值钱的企业，能受到资本的青睐，其根本在于产品的极致，而非营销手段。相信每一个投资人或投资机构都不是傻子，不会投资一个虚于表面的企业。

小米的产品研发周期很长，据官网获悉，一部手机的研发时间为 12～18 个月。从处理器、屏幕、相机、功能调节等，每一个工艺都是由小米的技术研发团队共同参与完成的。为了实现产品创新，小米甚至在元器件领域进行重磅投入。比如，小米曾在小米 5 上花了整整两年的心血进行反复试机，比苹果投入的年度研发经费还要多出 10 亿美元。

行业的竞争最终都会回归到产品本身，而小米的核心竞争力正是好产品。2017 年 3 月，小米推出自研芯片"澎湃 S1"，并表示将继续在芯片研发上加大投入。将"值钱"的钱投入到"值钱"的产品上，"值钱"的产品让小米成为一家"值钱"的企业，这就是小米"值钱"的奥秘所在。

事实上，不仅仅是小米，任何一家值钱的企业最终一定是从做好一个产品开始的。当马云手里只有 50 万元时，他一心只想做好 B2B 业务，腾讯的今天是因为做好了 QQ，百度的今天是因为做好了搜索引擎……

所以，要成为一家值钱的企业，唯有做好产品。只有拥有好产品，才拥有好未来。

产品好，一切都好。所有的营销、用户体验、场景销售都需要有好产品才能完美收官。不然，你的思维格局再大，目标再远，团队再强，创意再出彩，都只能换来一场空。

如何打造好产品

既然好产品对值钱企业如此重要，那么企业该如何打造好产品呢？下面关于打造好产品的策略是根据我历经多年亲身体验、观察、思考（图 7-14）总结出来的。重要的是，这个总结不仅仅适用于当下，在未来，这些观点和方法对企业打造好产品仍然有着重要意义。

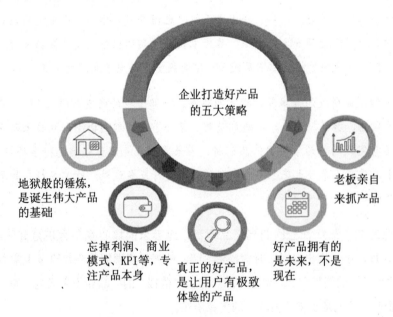

图 7-14 企业打造好产品的五大策略

（1）地狱般的锤炼，是诞生伟大产品的基础

微信是一款伟大的产品，它改变了我们的通信方式。但是，你知道它是如何做出来的吗？当年，周鸿祎被街头的小贩引导着穿过布满菜叶、脏水的街巷，来到一间被烟雾包围的小屋，从小屋里走出来的就是"微信之父"张小龙。张小龙在做微信时所忍受的孤独是常人难以想象的，但他所打造出来的产品——微信，却是连接大千世界的通信平台。

正是因为有这样的强基因，并经过长期地狱般的锤炼，才诞生了微信这样伟大的产品。

如果你说微信的打造仅仅是一个巧合，那么，我们再来看看华为。任正非创立华为时已 43 岁。他曾经对记者说："像我这种人，既不懂技术，也不懂商业交易，想要生存是很困难的，很边缘化的。"然而，这个生存困难的人，在做电信终端时，几乎从没睡过一个囫囵觉，每天与创始团队讨论产品到凌晨。正是因为经过地狱般的锤炼，才有了如今的华为，值钱的华为。

这样的案例还有很多，不胜枚举。通过这些案例，我们可以清晰地知道，一个好产品的出现，要经过痛苦的千锤百炼的过程。不经历风雨怎能见彩虹，只有历经磨炼，产品才能更强大，才能具有竞争力。

（2）忘掉利润、商业模式、KPI 等，专注产品本身

企业要打造出好产品，就要忘掉利润、商业模式、KPI 等，摒弃功利，专注产品本身。

比如，雷军在打造小米手机时，从来不会去思考这款产品将来能给自己带来多大的利润，只是专注于小米手机如何给用户最好的体验。等小米手机真正达到好产品的标准时，雷军才开始思考如何盈利、如何营销等问题。

如果企业在打造产品时，一开始就思考这款产品能给自己带来多大的利润，那么打造出来的产品必定是"功利性"产品，它还没出生就被盈利、KPI 所绑架，未来的竞争力也注定不会强大到哪里去。

只有专注产品本身，匠心打造，方能真正打造出好产品。

（3）真正的好产品，是让用户有极致体验的产品

毋庸置疑，这是一个体验至死的时代。真正的好产品，也应该是让用户有极致体验的产品。那么，什么样的产品才能让用户产生极致体验呢？

让用户产生极致体验的产品依赖的是企业对消费需求、消费行为、消费心理、未来消费趋势的判断和理解。一款好产品不需先让消费者满意，而先要让自己满意。

在我为企业做投资咨询的过程中，经常会遇到企业做出一款连自己都不满意的产品，但还妄图通过品牌积累、营销方式让产品成为爆品。对于这样的做法，我劝他还是趁早放弃。因为，如今的消费者越来越挑剔，没有好的体验的产品是没有人愿意买单的。

（4）好产品拥有的是未来，不是现在

张小龙在为微信做第一次测试时说，微信一年可以连接1亿的用户量，当时人们都认为他疯了。7-ELEVEN的创始人铃木敏文提出要做社区便利店时，正值大卖场如火如荼，所有人都觉得他病得不轻……

纵观现在的好产品，每一个在刚出生时，无不受到"嫌弃"。但如果站在未来的维度去看，每一个产品无不是一个珍宝。就像孙正义所说的："真正的价值，需要我们习惯往远处看。"

所以，一个好产品拥有的是未来，不是现在。企业在打造好产品时，一定要有足够的耐心，时间是检验产品好坏的唯一标准。

（5）老板亲自来抓产品

很多企业家都在抓战略、抓顶层设计、抓团队，但唯独没有抓产品。这是一个非常错误的做法。

事实上，只要你稍稍留意一下就会发现，那些值钱企业的大老板，都是在亲

自抓产品。乔布斯自创立苹果开始，就一直把精力用在抓产品上；谷歌的创始人一头扎在实验室里研发新产品；雷军抓的不是营销，而是手机芯片的研发……

为什么这些老板要抓产品？这是因为老板关注什么，企业的战略就是什么。企业老板不仅要抓产品，还要懂得养"技术疯子"，这样研究出来的产品才会是"想不到"的极致产品。

作为一个企业家，要以做大做强企业为目的，在资本思维的前提下，再进一步构建"值钱思维"，把企业做成一个"值钱"的企业。

当然，不可否认的是，如今中国有很多企业以赚钱为目的，一直在野蛮生长。如今虽然市场竞争激烈，但如果企业站在风口，敢于创新，也能赚钱。人都是有信念和梦想的，如果你的企业一直以赚钱为目的，那么你的企业只不过就是为你赚钱的工具而已。这样的企业是不可能基业长青的，一旦遇上危机就会瞬间崩塌。

所以，企业家想让自己的企业有价值、自己有价值，那么，从现在开始，转变思维，先让企业"值钱"，再让企业"赚钱"。

第八章
跨越：做大市值并非只有上市这一条路可走

导　读

　　一个企业与资本市场共舞的新时代突然到来了。"估值看净资产，考核看净资产，融资贷款参照净资产"的传统评估方式开始谢幕，每一个企业和它的经营者，都在用市场的标准重新估量自己当前和未来的价值。

　　企业家们多了一个挂在嘴边的新词"市值"，市值已经成为企业家个人财富重要的组成部分。毫无疑问，这是一个新的时代。资本市场与实体经济的边界被打破，谁理解不了市值背后的意义，谁就将输掉下一轮商业竞赛。

　　如今一说到市值，大多数人的第一反应就是上市。事实上，做大市值并非只有上市这一条路可走。通过做爆品、投爆品、资源整合、并购，企业同样可以做大市值。

1. 观点分析：不是所有的企业都适合上市

腾讯、阿里等企业上市，成就了一批以亿万计的富翁，也因此造就了一夜暴富的上市神话，越来越多的企业相信，只要自己的企业能够上市，巨额财富便唾手可得。以至于到如今，只要说到要做一家"值钱"的企业，大家首先想到的就是上市。

尽管企业上市确实能通过发行股票、公开募股的方式做大市值，但所谓条条大路通罗马，做大市值并非只有上市这一条路可走，也不是所有的企业都适合上市。

说起外出旅游下饭神器，一瓶老干妈妥妥搞定各种场合。不仅如此，在国外，提起老干妈，影响力已和历史悠久的"茶叶蛋"处于同一水平。不得不承认，这样的老干妈"身价"已是不菲，然而，它没有上市，并且也不准备上市。

不上市，是老干妈的态度，上市是新东方的选择。自新东方 2006 年赴美上市至今，走过十多个年头，企业增值不少，可是俞敏洪却后悔当初上市的选择。他说："新东方上市，带了一个好头，也带了一个坏头。就像你娶了一个你完全把控不住的女人一样，很难受，你又爱她，但是她又不听你的话。"

上市让新东方在一瞬间从对内的关注转向了对外的焦虑，从关心学生的感受转向了关注股市的动态，从关注教学质量转变为关心数据的增长……这些转变正逐渐吞噬新东方的价值体系，模糊新东方的方向。上市就要对股东负责，就要追求规模和利润增长。而扩张之后的质量如何保证？

不仅仅是俞敏洪，位居 2003 年福布斯中国富豪榜榜首的丁磊也后悔将网易上市。2000 年 6 月，网易在纳斯达克正式挂牌上市，短时间内为丁磊带来了耀眼的荣誉和财富。

然而，有得必有失，对于这样一个对手都在国内且数据保密潜伏商机的企业来说，上市为其带来了被动经营的局面。就像丁磊自己所说的那样："赴美上市则意味着企业要透明化运作，比如网易必须每个季度对外公布自己详细的财务数据，包括每款游戏的盈利收入、玩家的增减和增减比例等，都需要详尽介绍，而我们的竞争对手大多在国内，其中不少还没上市，也就没有必要这么做，这样经常会造成我们比较被动。而且美国股市并不适合所有的中国企业，赴美上市不仅存在美国股民对中国企业不够了解的情况，也会使多数中国股民无法买到企业股票，不能回馈更多网易的用户。"

由此可见，上市不是唯一的出路，而且就算要上市，企业本身适不适合，也是首先要考虑的问题。

企业创始人对于企业的认知，决定了其定位，而其定位又直接影响企业发展的规划，彼之蜜糖我之砒霜，上市对于不同的企业呈现出不一样的作用，追求公开透明的短期财富获得，上市是明智之选，若数据保密等因素会很大程度上影响企业收益，那追求上市就应该权衡利弊。

同时，上市之后，企业就不单纯再是创始人的企业，它还将是其他股东、董事的企业，一个和尚挑水吃，两个和尚抬水吃，三个和尚没水吃的日子估计就不远了。

上市可能会让企业创建者失去企业主导权和决策权，决策程序和人数增多可能带来时间浪费和机遇错失。上市与否，需要各位企业家慎重思考，结合企业实际，做出明智选择。

那么，应该如何判断自己的企业是否可以通过上市来做大市值呢？

上市论证，你的企业够标准吗

要知道自己的企业是否可以通过上市来做大市值，首先要看自己的企业是否符合上市的标准。虽然上市有巨大的收益，但如果企业并不符合上市标准或者没有上市的需求，那么也不应该选择上市。

上市可以使企业做大市值，其门槛必然不低，较高的准入资格虽然可以通过突击攻破，但要长期坚守在上市企业战线，对企业自身素质的要求还是很高的。尽管上市带来的巨大收益诱惑让很多企业愿意放胆一试，但如果企业并不符合上市标准或者没有上市的需求，强行跻身上市企业行列，后期管理压力也是不小的。

上市之初，企业家更看重高额融资，其解决资金压力的效果立竿见影，但如果企业治理不够规范、运营不够标准而跟不上上市之后的节奏，管理压力则会应运而生。在公开透明的环境下还要按照制度规章一板一眼做事，很多不够标准的企业很快就会在"上市"的高标准碾压下现出原形，更甚者可能会灰飞烟灭。

由此可见，上市可以给企业带来短期的巨大收益，还可以给企业带来严酷的竞争考验。上市伊始，各准上市企业就会面对各种准入标准的一一洗礼，通得过恭喜晋级，通不过残忍被淘汰。

上市之后，一切高标准都将一如既往地"高"下去，经得住百打千磨还要屹立不倒，否则经历各番利益、责任、义务和风险的磨砺，稍有偏差，便难逃被摘牌和退市的悲惨结局。

因此，企业家需正视上市，同时明白上市论证不是走过场，上市论证的目的是全面分析企业是否能够通过发行股票来实现融资。论证失败，也只是代表企业不适合通过上市的途径来融资，但通过其他方法仍然可以实现融资这一目的。融资方式还有很多可以选择，比如项目融资、风险投资、贷款融资、私募基金的定向融资、发行企业债券等。

上市论证在为企业指明融资方向上来说，是有益的。同时因为论证的目标明确，不仅能够为企业上市准确应对环境，并选择准确的时间，还可以根据企业长远发展来设定论证过程，这样的论证，无论结果如何，都是有利于企业的。

目前对于核准企业上市的论证，主要从企业内部和外部两方面进行。

企业内、外部论证主要包括以下内容（图 8-1）：

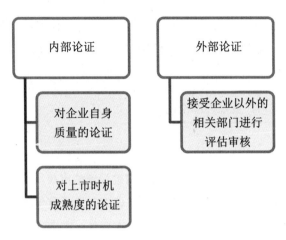

图 8-1　企业上市的两大论证内容

（1）内部论证

首先是对于企业内部的论证。实际上对于企业的内部论证，是一个自身论证的过程，也就是说先由企业对自己可否上市进行基础因素的论证分析。这个过程也是使企业家进一步了解企业的过程，清晰地了解可以为下一步判断上市与否提供更科学的决策依据。

对企业自身质量的论证主要有以下项目：企业对所处行业的整体评价，对自身产品、技术、管理、财务的内部评价。而对所处行业的评价包括行业的增速、容量、集中和壁垒情况；产品评价包括产品竞争优势、市场占有率、对价格的影响力、对供应商的谈判力、开发生产周期；技术评价包括核心技术的所有权归属、先进性、研发能力；管理评价包括企业管理层的素质和能力，管理层之前的工作业绩和威信，管理层领导下的采购、营销和激励体系；财务评价包括企业毛利率和净收益率、营业利润的比例、现金流管理水平、主营收入的增长和净利润的增长速度。

企业一旦决定上市，领导层需要对企业进行上市时机成熟度的内部论证。论证包括市场、行业和政策环境是否完全有利于企业上市；企业的内部架构、资产的管理等是否规范；股权结构和业务结构是否已经搭建完善；实际控制时限是否已经满足了要求；各种核查是否已经通过等。

实际上，企业可以事先和上市中介及保荐机构进行沟通，以便了解上市申报时机是否成熟，如果不成熟，也可以尽早制定解决方案，从而保证做好内部论证。

内部论证完成后，就是外部论证了。

（2）外部论证

外部论证需要接受企业以外的相关部门进行评估审核。相关部门与选择上市地点也存在莫大关系，若选择国内上市，审核部门及内容包括中国证监会的预审和之后发审会的审核。一般情况下预审通过率较低，若预审能够顺利通过，发布会的审核胜算较大。当最终通过审核，企业就可以正式上市了。

其实在企业进行上市论证的时候，企业家就要开始对评估的各方面工作进行重点把握。在内部评估时，应该更多关注企业自身质量是否足够高，因为其他方面可以通过人财物的投入进行弥补和调整；而在外部评估时，领导层应积极与评审部门沟通，如实向证监会汇报企业情况，积极执行反馈意见，将审核工作要求落实落细。

上市论证不仅仅是对上市公司的一项考验，也是对企业家多方思考、科学决策能力的一次检验，论证的过程也是领导层进一步了解企业的过程，因此不管最终能否上市，论证对于企业长期发展来说，都具有积极的意义。

2. 案例解析：华为市值万亿，为何拒不上市

尽管很多创业者将上市作为终极梦想，但仍然有很多业内大佬并不把上市当一回事，比如华为。

美国有苹果，韩国有三星，中国有华为。回望 2016 年，华为的营收抵得上

1.5 个联想、5 个格力、5 个中兴、5 个阿里巴巴、6 个比亚迪、6.5 个小米；超过了 BAT 的总和；约等于万达＋万科；在全球 500 强可以排前 100 名。这样一家企业，无疑是中国人的骄傲。

如果上市，华为市值恐怕不会低于 5000 亿美元。然而它对上市并不"来电"。

就像任正非所说，他理解的上市无非是资本圈钱游戏，如果要华为沦为赚钱的机器，这将违背华为的企业理念。华为真正需要的，不是资本，技术与客户才是华为持续走向成功的根本。

华为成立至今，正是因为一直清醒地明白自己所需，才能一路抵制住资本力量的诱惑，保持初心，做出真正是客户所需的产品。在任正非看来，不上市，华为才有可能称霸世界。

由此可见，不上市，也可以成为霸主，只要你有足够的定力、充裕的资金、完善的管理、独特的远见。就像是我们所见到的华为一样——不上市，也可以做大市值。

我认为，华为之所以坚持不上市，主要源于以下五大原因（见图 8-2）：

图 8-2　华为拒不上市的五大原因

（1）不差钱

很多上市痴迷者，看重上市最重要的一点就是上市可以短期带来巨大资金收益，有效缓解资金压力，缺钱是很多企业面临的最直接最迫切的问题，然而，华为却对此不屑一顾，没办法，华为不差钱，就是这么霸气。

华为2019年年报显示，华为2019年实现全球销售收入8588亿元，同比增长19%；净利润627亿元，同比增长5.6%。

有这样雄厚的资金底气，华为断不会因为上市的短期收益而选择上市。

（2）其他融资方式更合算

上市，说到底也是融资手段的一种，企业通过上市，整合资源获取融资，是一种效果显著又快捷的方式，然而上市的融资效果并不是对每个企业来说都最大的。

华为在深圳、上海、杭州、北京等地建设了高等级的办公楼和生产设施，因而在全国各地形成了庞大的房地产资产。强大的房地产支撑再加上华为的巨大利润和盈利收入，使华为成为各大银行争相抢夺的"特别优质"客户。其他企业想要银行贷款，困难重重，可是华为却有银行找上门来主动提供低到不能再低的利息的贷款，拥有这样的低成本融资手段，又何须通过麻烦的上市来解决问题。

（3）内部股权并非真正障碍

上市就要面临股权划分，华为的内部持股制度一直以来颇具争议，华为股权复杂、产权不够明晰被很多人认为是上市的重要阻碍，然而如果华为下定决心要上市，只是股权问题，并非无法克服。股权改造和重组，或者直接把产品线一个个拆分上市，都可以有效解决这一问题，因此，华为股权问题并不是华为不上市的阻碍。归根结底，不想上市，才是华为不上市的主要原因。

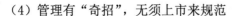

（4）管理有"奇招"，无须上市来规范

上市除了融资以外，还有一个好处，就是能够更加规范企业的管理。不少专家劝说华为上市，因为上市解决资金问题的同时，还可以优化企业管理体系。然而，华为通过自身努力，目前的管理基本实现了国际化和规范化，已经可以无障碍和国际惯例对接的华为，没有必要为了更优化的管理体系来上市，因为华为的管理已经足够优化。

（5）水能载舟，亦能覆舟

对于上市企业来说，各种规范透明的管理程序可以提升企业管理水平，同时也存在一定隐患，反观已经上市的网易，受到上市透明化规范化的制约，不得不按期公布各款游戏数据，导致其内容更新速度赶不上国内未上市的竞争对手，无形中使其在商业竞争中处于被动地位。

大概是看到上市对于企业的制约性，作为民营企业的华为，在目前运营形式下，各种机制都比较灵活，能够迅速地捕捉市场机会，从而迅速调集资源并做出反馈，这些都是华为在国内外市场竞争中获胜的关键因素。如果上市，按照规矩是要严格执行信息披露制度的，而作为民营企业的华为是很少披露这些财务信息的，主要是为了商业机密，防止被竞争对手利用。

既没有资金压力，又没有其他方面的需求，上市之后，还要接受各种监督和制约，同时动荡的股市会不会对华为的运作构成影响或危害，谁也说不清。尽管上市拥有不少好处，但却没有一样是华为所必需的，"水能载舟，也能覆舟"，既然无须上市，又何苦非要往里挤呢？鉴于如此种种，华为确实没有上市的理由。

"择其善者而从之，其不善者而改之。"上市不是做大市值的唯一途径，适合自己的才是最好的。上市看起来快捷高效，但不适用于所有的企业。

其实对于企业而言，上市与否并不是随波逐流的选择，如果企业符合上市标准，而且能够承受上市带来的风险，上市确实是很好的选择。但如果企业本身并不适合上市，非要赶鸭子上架，最终苦果也只能自己来咽。况且，做大企业市值并不是只有上市一条路，想要经营得长远，目光必须更远。

因此，不管企业选择上市还是不上市，只要是适合自己的选择，都是明智的选择。

3. 爆品＋资本：百亿级企业做大市值的成长路径

企业要想"值钱"，就要做好产品。做好产品是成为"值钱"企业的必要条件，但如果想要实现跨越、做大市值，这已经远远不够了。因为中国目前缺的不是产品，不是好产品，而是爆品，这就是今天的中国和美国、德国的区别。我们强调做产品，而美国和德国强调做爆品。

爆品是什么

从购买者的角度说，爆品就是让人为之疯狂的产品！你日思夜想、辗转难眠需要的是什么，它便给你什么，这样的产品能不让人疯狂吗？不仅要疯狂，还要推荐给其他人，让他们一起来疯狂！

从企业的角度说就是，这个产品能够卖到10个亿！这就是对"从0到1"的理解，满大街的雷同产品还不如一个"独家出品"。把原有的东西做精做细只是不断地重复，把没有的东西变成大家都需要的东西，才是爆品！

从行业的角度说就是，这个产品可以彻底颠覆一个行业！淘宝的出现，让零售业发生了翻天覆地的变化；支付宝的应用，改变了现金、刷卡等一系列支付方式。这就是爆品，带来整个行业的革命。

然而反观国内市场，相同或雷同产品一抓一大把，产品的生产只追求"跑量"，却忘记了"走心"。粗暴的生产方式，曾经也能够为企业带来回报，然而现如今，人们对美好生活的追求已越来越高，中国人口红利在劳动力上的优势也不再明显，人们对购买产品的要求不仅仅是可以用，而是用得舒心，用得贴心。

然而，有了爆品，这些问题就能解决了吗？并不是，还需要资本的助力。如何让资本流入爆品，是现今中国企业走出困境的唯一途径。

爆品＋资本，是做大市值的关键。做爆品，投爆品，这是百亿级企业做大市值的成长路径。

做爆品，让用户尖叫

在知道了爆品的力量后，很多企业都有做爆品的想法，然而，真正想要打造爆品可不是一件容易的事，企业不仅要投入大量时间和精力进行学习，还要摸索探寻出打造爆品的规律和方法。

（1）做爆品是一种聚焦思维模式

想做爆品，不仅要深刻领会经营要义，还要精准谋划商业模式和组织形态。一方面，要能够站在消费者的角度，以消费者的视角来做好产品规划和品牌定位，通过角色代入优化产品性能，为消费者提供最佳的服务体验；另一方面，要将"爆品思维"贯穿始终，以打造出真正意义上的爆品。

"爆品思维"包含以下三个方面的要素（图8-3）：

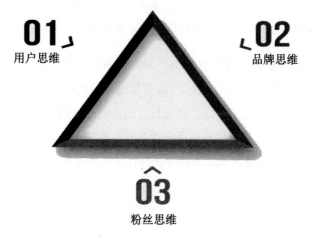

图 8-3　爆品思维的三个要素

用户思维理解起来比较简单，就是在做产品的时候，时刻将用户体验放在首位，爆品之所以为爆品，是因为它能带来其他产品带来不了的体验，解决其他产品解决不了的问题。只有摸清消费者心理，按需设计，并精益求精打造，才能做出让用户疯狂的爆品。

品牌思维所指的，就是要为产品树立起被大众熟知、被大众喜爱、被大众追捧的好口碑。产品能够成为大众所需，能够在大众心中占有一席之地，说起这个产品，就想起这个品牌，听到这个品牌，就想起这个产品，便达到了树立品牌的目的了。

说到坚果，大家便会想到"三只松鼠"，而提起"三只松鼠"，印入脑海的就是坚果，这就是品牌，也是"三只松鼠"的成功策略。

"三只松鼠"自2012年6月创立问世，经过半年时间的市场历练，"双十一"单日销售额已经成功突破800万元；2013年1月，单月业绩突破2000万元，跃居坚果行业全网销售第一。2014年"双十一"，创下1.02亿元的销售额。分析三只松鼠的成功之路不难看出，它走的便是爆品路线。

早期，三只松鼠碧根果进军袋装坚果市场，并顺利引爆市场，随后，其品牌思维与客户体验思维一直在线，比如让客服模仿松鼠与消费者对话，甚至还有三只松鼠卖萌手册的存在，就是以独特的视角在树立自己的品牌。

最后就是粉丝思维，有了优秀的产品，便需要不断的推广，在流量红利时代，粉丝的力量也开始发挥作用。产品质量过硬，企业服务贴心，品牌特色显著，则可以通过与粉丝互动分享，提高粉丝的忠诚度，而粉丝的传播效果要远大于传统的明星代言，并且可将原来用于明星代言的费用，通过以为粉丝发放福利和进一步提高产品质量的方式运用起来，其良性循环效果自是不必多言。

（2）打造爆品是互联网时代的一种经营解决方案

不是所有的热卖产品都叫爆品。有些产品尽管一时看来销量很高，但市场变化波谲云诡，时间是检验真理的唯一标准，真正能够给用户提供极致体验的产品才称得上爆品。而且爆品的推出也不是随机随性的，它需要合理的规划和认真的实施，因此从更深层次的意义上来说，打造爆品更是一种解决方案。

要想做出爆品，首先要知道消费者要什么，只有制定有针对性的解决方案，才能满足用户的需求，才能解决消费者的问题。

而了解消费需求，也需要有极致体验的思维。就像能够和雷军吃饭，这对于小米的铁杆用户来说，一定是一种莫大的粉丝福利。当初为解决用户需求问题，小米挑选出百位铁杆粉丝与雷军拥有近距离接触的机会，这样的一个粉丝福利及产品问需设置，为小米笼络用户、改良产品提供了很好的契机。

由此可见，在爆品方案打造中，满足用户体验是最基本也是最核心的方面。而用户体验的极致，无非就是服务一流，产品优秀。因此，一味强调产品最贵、最先进，并不一定就能打造出爆品。用户觉得好，才是真的好，这是衡量是否为爆品的唯一标准。只有能够创造出新的价值，能够引领用户使用热潮，带来极致体验，掀起行业话题，才是真的爆品。

投爆品，让资本增值，用一个产品获得超值回报

除了做爆品，用爆品战略做大市值还有一个方法，就是投爆品，让资本增值，用一个产品获得超值回报。

2017 年 4 月，滴滴出行完成 55 亿美元的融资。至此，滴滴出行估值超过 500 亿美元。滴滴出行已经前前后后进行了 14 轮融资。55 亿美元，这是一家正常的互联网企业海外 IPO 募集资金的 10 倍左右，比如 2016 年美图香港上市才募资 6 亿美元，而这 55 亿美元只是滴滴出行一轮融资的钱。

按照融资来计算市值，滴滴出行已经超过了京东，仅次于 BAT。

滴滴出行如此高的市值，让我想起一个人——王刚。他是滴滴出行最早的投资人。5 年前，当滴滴出行还只是一个概念的时候，他投资了程维 70 万元。5 年前的 70 万元，2016 年的回报是 35 亿元，增值 5000 倍。

这就是王刚投爆品带来的超值回报。这么高的投资回报，在投资界堪称神话。

所以，如果你也像王刚一样，觉得自己的企业不适合做爆品，那么就投爆品，同样能做大市值，走上财富巅峰。

4. 资源整合：你能整合多少资源，就能干成多大事

做大市值除了做爆品、投爆品，还有一条路径也是非常有效的，那就是资源融合。

在竞争异常激烈的今天，我们每一个人的力量都是有限的，如果能懂得整合资源，我们成功的机会就会多得多。可以这么说，现在是一个既可以竞争，又可以合作的时代，我把它简称为"竞合时代"。在这样一个时代，我们首先需要了解资源整合的概念，然后从善用彼此的资源和体悟"海洋的精神"两个领域进行更多的资源整合与合作。

所谓资源整合，其实就是利用资源。"利用"二字的真正含义是，"用"就是善于运用彼此的资源；"利"就是彼此创造共同的利益。所以，资源整合就是善用彼此的资源，创造共同利益。

在市场竞争中，谁拥有更强的资源整合能力，谁就具备强大的竞争优势。企业家应该更好地去发现交易者已经拥有的资源能力并加以运用，从而实现和交易者共同享用资源、合作共赢。形象一点说就是，和合作者一起将蛋糕做大，自己也能获得更大的一块蛋糕；反之，如果蛋糕始终很小，即使企业全部占据，又能获得多少呢？因此，用资源整合做大市值，是一条非常有效的路径。

身为企业家，有一句话是你应该牢记的：每个企业都要创造被利用的价值。因为，当别人愿意利用你，就说明你有更多的机会与别人产生联系；如果你愿意并善于利用别人，那么你创造的价值将会更大，企业才会越做越大，越做越好。总之一句话：你能整合多少资源，就能干成多大事。

那么，企业应该如何整合资源呢？有没有什么技巧和方法可循？

扩大格局，转变思维

企业要想成功整合各方资源，首先要扩大自己的格局，转变自己的思维方式。纵观商界，把企业做到行业巨头的人，一定是资源整合的高手。在经营的过程中，最重要的不是你拥有多少资源，而是你能整合多少资源。

马云在创立阿里巴巴之前，只有几个人共同出资 50 万元，后来通过引入风投、上市、与雅虎并购，撬起一个几百亿美元的盘。蒙牛的牛根生在创业之初也只有 100 万元的投入，通过不断地扩展、租赁、上市等资源整合，迅速发展，成为中国乳业的龙头企业。

阿基米德曾说："给我一个支点，我将撬起整个地球。"资源整合即是一个巨大的杠杆，可以让企业快速变得强大。用小投入运作大项目，一只蝴蝶也可以掀起风暴。如果你擅长管理，对面的店擅长技术，传统的思维是你拼命去学习对面店的技术来打败他。同样的道理，对面店也在努力学习你的管理企图打败你。事实是，几年过去了，你们谁也没有打败谁，因为你和竞争对手都在不断地学习和进步。最终的结果可能是，你和对面店拼得你死我活时，螳螂捕蝉，黄雀在后，一个大型连锁店进来把你和你的竞争对手全部收购了或者淘汰了。这就是大多数企业家的思维。

这样的思维导致的结果就是两败俱伤。所以，现在，请你把你的格局放高一点，思维扩宽一些，利用资源整合的力量来做强做大你的企业。

我认识深圳的一个连锁店企业的创始人，他可谓是一个资源整合的高手。他经常会收购两三家经营不善的店，然后卖掉其中两家，只保留一家地理位置最好的。然后把其他两家店的员工整合到这一家店里，解决了员工的问题。接着，再把另外两家店的会员顾客整合到这一家店来消费，解决了顾客的问题。

同样的道理，如果我们转变传统的经营思维，像这个连锁店的老板一样，和你对面店联合起来成立一家公司，你负责管理，他负责技术。这样你们既同时拥有了管理，又拥有了技术，还节省了各自研究管理和技术的时间，再找一个善于营销的人来合作。那么你的公司便至少在这一地区拥有了绝对竞争力，而不是落得被他人收购或者被淘汰的结局。

现如今，国家与国家都能抛开政治因素进行合作，你只是一个小企业的老板，为何要天天想着如何整垮别人，而不进行整合合作呢？不得不说的是，一谈到整合合作，大多数企业家的思维又是另一番情景：和他合作我有什么好处？一旦你有这样和别人合作就必须要有便宜占的思维，那么你的企业将永远做不大，因为不管是投资人还是合作者，没有人愿意和小心眼的人合作。

正确的思维应该是，和他合作我能带给他什么？

企业家要想进行资源整合，必须要扩大格局，转变思维。而一旦你形成这样的格局和思维，你缺的只是下面的方法而已。

企业家如何提高资源整合的能力

企业家具有多少资源整合的能力，就意味着你的企业有多大的赢利能力。为了提高企业家整合资源的能力，我给出以下三个建议（图8-4）：

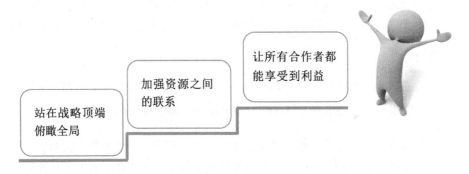

图 8-4 企业家提高资源整合能力的三个技巧

（1）站在战略顶端俯瞰全局

企业家要能站在战略顶端的高度去俯瞰全局，进而发现企业在其运作过程中利用了哪些资源，哪些资源是闲置的，哪些资源没有被充分使用，然后再对这些资源进行更好的匹配。

实际上，这一步骤还牵涉到具体的取舍问题。因为尽管闲置的和没有被充分使用的资源很多，但它们往往不是企业战略所真正需要的，对这些资源加以筛选和淘汰，才能找到最有用、最容易产生效益的资源。例如，你的战略是强调产品创新，那么你最核心的资源可能在于技术和生产方面；而强调渠道整合为主的话，其核心资源则在于分销或者终端。企业家有必要根据不同的战略规则和特点来选择需要加强整合的重点资源。

（2）加强资源之间的联系

在对资源系统化的整合过程中，企业家不但要注意加强资源之间的联系，还要注意让不同的资源拥有者、资源需求者加强联系，而联系的载体就是企业乃至企业家本人。因为任何成功的企业都应该是一种有机的系统，系统内部能够环环相扣，如果其中某环节失灵，很可能导致系统的整体失灵。反之，如果系统整合得当，各环节通畅，就能让资源相互融合并建立市场优势，进而获取高额利润。总体来说，企业家需要整合的资源如图 8-5 所示。

图 8-5　企业家需要整合的七大主要资源

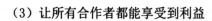

（3）让所有合作者都能享受到利益

通过资源整合而获得的利益，必须要让所有合作者都能享受到。因为资源整合更多的是注重调动和借用他人的资源。

而这种合作行为的前提，在于让更多的参与者和合作方都能从中受益。否则，你就很难说服更多的资源拥有者来参与合作，从而使利润来源渐趋枯竭。

垃圾是放错地方的财富，没有不好的资源，只有不被正确利用的资源。运用资源整合的方法去持续赢利，是企业做大市值过程中必须要加以了解和熟悉的方法。

当你能够带给他人更多资源组合的可能时，你的企业也就离"值钱"不远了。

5. 并购战略：十亿市值靠业务，百亿市值靠并购

2016 年 6 月，京东宣布并购沃尔玛旗下的"1 号店"，沃尔玛获得京东 5% 的股权，而京东获得"1 号店"的品牌、网站以及沃尔玛背后的全球采购链条。这一次的并购，无疑会大大地提高京东的市值。

事实上，不仅仅是京东，梳理世界上千亿美元市值企业的成长史，可以发现，大多数企业都是通过并购来做大市值的，比如 IBM、GE、思科等。

并购是企业实现快速增值屡试不爽的路径。通过并购，企业可以快速进入新的领域或缺乏竞争力的领域。当并购成功时，企业市场占有率和利润的提高会使企业的市值增大。另一方面，并购也是体现企业高速成长的表现，这样的表现会提高市盈率，也是在促进市值的增加。这是企业并购与做大市值的良性循环（图 8-6）。

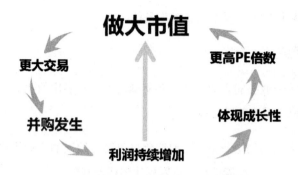

图 8-6　企业并购与做大市值的良性循环

十亿市值靠业务，百亿市值靠并购。企业要想做大市值，并购是一条必经之路。

但并购不是一件简单的事，它是一件高风险的产权交易，在实际操作中是非常复杂的，一招不慎，满盘皆输。曾经有人打趣地说，企业并购的失败率比好莱坞明星的离婚率还要高。当然这是开玩笑，但也说明企业并购要想获得成功，确实不是一件容易的事情。

尽管成功的并购能够提高企业整体的竞争力，帮助企业获得超额利润，但并购的风险也不能忽视。并购案例不胜枚举，但是据不完全统计，只有大约 20% 的并购是成功的，60% 的并购结果是不够理想的，还有 20% 可以说是完全失败的。并购的结果之所以会这样，是因为并购过程中有许多陷阱，一旦对并购中的陷阱处理不当，开始的"两情相悦"很可能变成"两败俱伤"。

那么，企业究竟要如何并购才能保证不两败俱伤呢？

哪些企业适合并购

要想成功并购，首先要看自己的企业是否适合并购。

从理论上讲，任何企业都可以并购自己看中的企业。但事实上，并购是一个对企业实力和经营管理能力都要求很高的经营活动。如果企业自身的实力不过硬，盲目并购，很容易"赔了夫人又折兵"。

适合进行并购的企业需要具备以下条件：

（1）有明确的企业发展战略

对于一家单一业务的企业来说，要明确自己第一层次的业务战略、第二层次的职能战略、第三层次的运营战略。

对于一家多元化的企业来说，要明确自己第一层次的企业战略、第二层次的业务战略、第三层次的职能战略、第四层次的运营战略。

企业进行不同层级的经营活动要遵守不同层次的发展战略。对于一般的企业来说，并购只是企业实现自己发展战略的手段，对于与自己发展战略无关的并购机会，要禁得住诱惑，不要贸然出手，否则，即使并购得手，日后的整合也是个难题。

（2）企业处在成长或成熟阶段

就企业的生命周期来说，企业的发展阶段可以分为创始阶段、成长阶段、成熟阶段、衰退阶段和再生阶段。在企业的创始阶段，企业的主要任务是通过自身的积累不断壮大自己。当企业处在成长阶段时，企业在发展过程中仅靠自身的积累来实现发展并不容易，有时会遇到增长瓶颈，这时，并购是企业突破瓶颈的一个办法。当企业处在成熟阶段时，企业的实力强大，这时进行并购就游刃有余，可以通过并购实现市值增长。当企业处在衰退阶段时，企业应该考虑如何抑制衰退，寻求突围之道。

所以，处在创始阶段和衰退阶段的企业是不适合并购的。

（3）有较强的融资能力

不管采用什么方式并购，都存在支付对价的问题。除非是相当小的并购目标，否则企业一般不愿意使用内部现金来并购，即使其现金流是比较充足的。一般情况下，并购标的额都是比较大的，动辄数十亿上百亿，甚至千亿以上，企业仅靠自己的资金往往很难完成，因此并购企业必须有较强的融资能力，否则并购不过是妄谈或者是个烟雾弹。

（4）有一支精干的并购管理团队

并购整合的难度不亚于新创建一家企业，是一项专业性很强的经营活动。资金充裕的企业多得是，但是在并购中能把钱花得物有所值的企业却不多。企业要想成功完成并购，需要准备一支专业的并购队伍，让专业的人做专业的事。

并购目标企业的选择标准

除了知道自己的企业是否适合并购，还要看选择的并购企业是否适合自己。判断并购目标企业是否适合自己有以下四个标准（图 8-7）：

图 8-7　并购目标企业的四大选择标准

并购容易整合难

成功的并购都相似，失败的并购各有各的理由。统计表明，并购失败最大的原因是并购交易完成后整合不当。并购整合是一门艺术，是不能复制的。并购整合成功的案例很多，这些案例的成功之处可以为其他人所借鉴，但是不能生搬硬套。

并购完成后，企业有了更多资源，这给了企业家更大的施展机会。把这些资源合理组合好，发挥最大效益，可以实现最佳整合效果；如果不能组合好这些资源，便不会为企业创造价值。就像同样是面对一块石头，米开朗琪罗能从中雕刻大卫，普通建筑工人只能够切割出建筑材料。

并购整合没有万全之策可以传授，坚持、忍让、沟通、公平、照顾利益相关者，或许事情会好办一些。

根据实践经验，大致可以把企业并购后的整合方式概括为以下三种：

（1）同化模式

如果收购企业在组织、管理及文化上都优于目标企业，目标企业愿意对并购整合采取合作的态度，可以采用同化模式整合目标企业。这种整合模式使企业间的冲突不明显，可以在较短时间内顺利实现，减少运行和磨合期成本，提高并购成功率。此外，优秀企业的组织、文化、技术和制度被扩散到目标企业，企业会形成新的核心竞争力。

（2）强入模式

虽然收购企业在制度、组织、机制和文化上均明显强于目标企业，但是目标企业拒绝合作，采取敌对态度，收购企业强制实行整合，把自己的组织模式、管理模式、运行模式强行植入目标企业，就是强入模式。

这种整合模式使企业间的冲突激烈，整合风险大，成本高，时间也长，整合过程中收购企业和目标企业都会遭受一定的损失。

一旦整合成功，经过磨合，并购后的规模经济和协同效应会慢慢显现，企业的核心竞争力也会慢慢形成。

（3）共生模式

并购双方在制度、文化和能力上相互依托和互补，相互吸收组织文化价值中的优秀部分，提升自己的能力，这种模式叫共生模式。

共生模式的整合过程比较平稳，经营波动不大，双方的独立性被保留，可以实现优势互补，通过合作使双方的能力都得到提升。善意并购和协议式并购可以采用共生模式进行整合。

海尔电器并购青岛红星电器时，就采用了共生的模式，弥补了自己的不足，帮助自己确立了领先的地位。

总之，追求市值是企业持续发展的一条捷径，未来十年是市值为王的十年，谁抓住了市值思维就把握了时代的大势。